DR. JOSÉ CARLOS RÍOS CAMACHO

EL PODEROSO SIR TRISTÁN EN LA SAGA DEL PRINCE VALIANT (1937-1971) DE HAROLD FOSTER

LA APOTEOSIS MEDIEVAL DE UN ARTE CONTEMPORÁNEO

Edición numerada para seguidores del Tristán en la saga del Príncipe Valiente/Prince Valiant.
Nº............

«Así que, por fin, el galante Tristram cabalga a salvo saliendo de nuestra historia y sigue a su corazón de regreso a la bella Isolda en Inglaterra».

Príncipe Valiente, 196, 10/11/1940.

ÍNDICE

PRÓLOGO 9

EL PODEROSO SIR TRISTÁN EN LA SAGA DEL
PRINCE VALIANT (1937-1971) DE HAROLD FOSTER
La Apoteosis Medieval de un arte Contemporáneo 25

Primera parte 25

NOTAS 1 y 2 43

Segunda parte 45

NOTA 3.. 67

BIBLIOGRAFÍA SELECTA 69

GUÍA para conocer las diferentes ediciones en español del
Príncipe Valiente:.. 71

PRÓLOGO

No hay mayor satisfacción personal que prologar este libro por quien escribe estas líneas, que presume y tiene la suerte doblemente de revelar mi pasión por Harold Foster desde que en mi infancia comencé a leer —y aprender— con su *Príncipe Valiente* y, ya de joven, admirar la obra musical y escrita del Maestro con escrupulosa devoción, nuestro amado Richard Wagner y su grandioso legado.

También el lector debe considerarse afortunado con esta obra de José Carlos Ríos Camacho, Vicepresidente de la muy activa Asociación Wagneriana de Galicia (AWG) con orígenes ya desde los años 80, quien igualmente comparte conmigo las confesadas y excelsas pasiones antes referidas. Y digo esto porque con esta nueva iniciativa felizmente publicada el autor ha aunado, por una parte, poner de manifiesto una vertiente artística a veces poco valorada como es la ilustración y el dibujo del cómic, historieta o tebeo, como me gusta mejor llamarle, aunque el público destinatario de nuestro dibujante norteamericano no sólo sea infantil o juvenil sino también adulto y senior. Y lo hace por la puerta grande, escogiendo al maestro del género, a Foster, que lo es principalmente claro está por su *Príncipe Valiente en los días del Rey Arturo*. Supongo que la dependencia emocional de José Carlos para abordar este proyecto le vendrá dada en algo por su sólida formación académica, investigadora y profesional, como Doctor en Historia Medieval, Licenciado en Geografía e

Historia y Diplomado en Filología Hispánica, y profesor de enseñanza secundaria. Pero, por otra parte, ha tenido la brillante idea de colegir esta vertiente histórico-artística maravillosa que es el *Prince Valiant* con esa otra que la hace aún más grandiosa y acertada como es poner de manifiesto con su ensayo la presencia wagneriana en la ingente obra fosteriana a través de un personaje y caballero muy especial para todos nosotros, los seguidores del Maestro de Leipzig, cual es Tristán… e Isolda como no.

La hist *ell-Ewald*, llegaría la tira de *Tarzan of the Apes*, de Edgar Rice Burroughs, con la que se estrenó en 1928, apareciendo a partir de entonces en numerosos periódicos. A pesar de que el mismo Foster renegó finalmente del personaje fue el que le cambió su vida artística como precedente inmediato del definitivo éxito del *Prince Valiant in the days of King Arthur*. Su *Tarzán* aventurero, editado por la *United Feature Syndicate*, convivió inicialmente con otros grandes del cómic americano, como *Popeye* de Elzie Crisler Segar, y pocos años después con *Flash Gordon* de Alex Raymond, *Blondie* de Chic Young, *Dick Tracy* de Chester Gould, *The Phantom* de Lee Falk y Ray Moore, *Superman* de Jerry Siegel y Joe Shuster, o *Batman* de Bob Kane, y en Europa, por ejemplo, con el *Tintín* de Hergé. El éxito del *Tarzán* de Foster radicó en ese maridaje del dibujo y diálogos, la novedosa técnica fosteriana empleada del claroscuro, el dinamismo de las ilustraciones, las propias aventuras épicas que protagonizaba el personaje salvaje, la conversión, en fin, del cómic en arte. Pero la tira de *Tarzán* no era «su» personaje, perdió entusiasmo por él y lo abandonaría a finales de 1936. Según sus propias palabras, «de una vez por todas tenía que librarme de ese gran inútil que era "Tarzán" y empezar con *El Príncipe Valiente*», en el cual ya había empezado a trabajar dos años antes en su propio personaje, durante los cuales estuvo inmerso documentándose en libros de caballería, mitos y leyendas europeas, consultando libros y textos sobre la Edad Media.

De hecho, según reconocería, la idea arrancó ya desde 1910, leyendo en Winnipeg novelas históricas, captando su atención los cuentos del Rey Arturo y dibujando sus personajes: «Escogí el periodo medieval porque me proporcionaba una gran perspectiva. Al principio pensé en las Cruzadas, pero el tema me pareció muy limitado. Debido a la falta de textos escritos, con el Príncipe Valiente tenía una libertad de acción de casi tres siglos, ya que con el declive de la civilización romana en el siglo V, esos dejaron de conservarse. Aparte de caballeros, quería mostrar a magos, ogros y dragones», afirmó nuestro artista.

Prince Valiant, una vez aceptada la propuesta de edición por la *King Features Syndicate*, y un Foster ya con 44 años de edad, viviendo en Topeka, iniciará su andadura el 13 de febrero de 1937 en varios periódicos: «Quería crear el tipo de héroe que me gustaría ser a mí mismo y controlar sus acciones», manifestó Hal, y para ello regresó al pasado y lo convirtió en otro caballero de la Tabla Redonda. Aunque la época de *Valiant* y los caballeros del Rey Arturo se corresponde con el siglo V —o VII, según los textos—, justo entre la caída del imperio romano y el inicio de la Alta Edad Media, deliberadamente, de cara al público, Foster cedió y lo ambientó en plena Edad Media, siglo XIII, combinando con ello la historia de lugares, acontecimientos y personajes reales históricos, haciéndola por tanto creíble, con otros tantos de pura ficción y surgidos de su imaginación, lo que le permitirá esa libertad narrativa de sus aventuras: «Si dibujaba al Rey Arturo tal y como mis investigaciones mostraban que debía hacerlo, nadie se lo hubiera creído. No podía dibujar al Rey Arturo con una barba negra, cubierta con pieles de oso y con los restos de armaduras que se había dejado los romanos cuando salieron de tierras británicas, porque no es esa la imagen que la gente tiene».

La historia de nuestro *Príncipe* comienza con la huida de su padre, Aguar, destronado por el tirano Sligon, de su reino de Thule, situado en la costa septentrional noruega (fiordo de Trondheim), hasta arribar junto a su esposa e hijo, a los pantanos de Gran Bretaña. Tras decidir ser caballero, previo encuentro con la bruja-norna, y salir a la aventura y conocer en el camino a Sir Lancelot y Sir Gawain, así como su llegada a Camelot, la corte del Rey Arturo y conocer a los caballeros de la Tabla Redonda, Val dará inicio con su inseparable espada Flamberge, «que canta» (*Singing Sword*), a la que considero mejor historia de la ilustración gráfica de todos los tiempos, desarrollando sin pausa su mágica historia con guion e ilustración del mismo Foster durante los casi 35 años posteriores hasta que levantó el lápiz un 16 de mayo de 1971.

Valiant no fue un superhéroe al uso, que también, sino que junto a su caballerosidad, nobleza, inteligencia, virtuosidad, idealismo, romanticismo, perseverancia, optimismo, compasión, valentía, honestidad, compañerismo, probidad, ecuanimidad y demás valores tradicionales que debe reunir todo servidor de la Tabla Redonda, su mayor éxito y celebridad entre el público infantil, joven y adulto lo constituyó, paralelamente, esa combinación magistral de Foster otorgando al personaje credibilidad, humanidad, sencillez y cotidianidad en su vida diaria, con escenas domésticas, como la de cualquier padre de familia, más allá del heroísmo en las innumerables y curtidas aventuras y batallas por los más diversos lugares del mundo, con su matrimonio con Aleta, reina de las mediterráneas Islas de la Bruma, y la llegada de sus hijos, el Príncipe Arn, las gemelas Karen y Valeta, Galen y Nathan.

En este éxito, junto a la atractiva y emocionante historia en la que se desarrollaba el personaje, no faltó naturalmente la reconocida técnica del artista, el detalle, realismo y perfección del dibujo (la escena épica del puente de *Dundorn Glen* contra 50 vikingos es sólo buen ejemplo de ello), incluso en planos secundarios o adornos sin importancia, la belleza de los paisajes y la grandiosidad de la naturaleza plasmada en mares, ríos, bosques o valles, las batallas terrestres y marítimas, los barcos y castillos, la cuidadísima y minuciosa atención prestada a las vestimentas y su distinta tipología con gran fidelidad histórica (cascos, armaduras, mallas, calzado, escudos, armas…), y, en especial, los dibujos de los caballos, con un realismo figurativo artístico admirable que convertirán a Foster en el rey de la ilustración y de su «historia-río» sin «bocadillos», (sin recuadros en los textos de diálogos que suprimen parte del dibujo donde se inserta), cautivando sin pausa al lector a lo largo de sus aventuras y los seis viajes por Europa, África, Oriente Medio y América. Pero también la grandeza de Foster alcanzada se debe en buena parte a la historia, relatos y guiones contados con sus ilustraciones, en esa combinación equilibrada de texto y dibujo, a modo de su «obra de arte total», llegando a decir: «El dibujo de los cómics no es demasiado importante, pero la idea de la historia sí lo es. Una buena historia puede tener éxito aunque su ilustración sea mediocre. Sin embargo, un buen dibujo no puede sostener una historia mediocre».

Desde la perspectiva artística, Foster encontrará en los grandes de la pintura e ilustración norteamericanas su fuente de inspiración formativa. Comenzando por Edwin Austin Abbey (1852-1911), muralista, pintor e ilustrador, bien conocido por su espectacular conjunto de murales *The Quest and Achievement of the Holy Grail* para la Biblioteca Pública de Boston, y, como no, contando especialmente con el gran ilustrador y escritor Howard Pyle (1853-1911), referente de leyendas medievales con obras escritas y/o dibujadas con maestría como «Otto el de la Mano de Plata», «La historia de Sigfrido», «Las alegres aventuras de Robin Hood», «Historia del Rey Arturo y sus Caballeros», «Historia de los Caballeros de la Tabla Redonda», «Historia de Sir Lancelot y sus compañeros» o «Historia del Santo Grial y el tránsito del Rey Arturo». En la lista de artistas influyentes en su etapa formativa están además otros de la categoría del mentor del popular Norman Rockwell (1894-1978), Joseph Christian

Layendecker (1874-1951), de quien Hal Foster afirmó que «era mi dios»; el gran pintor e ilustrador Newel Convers Wyeth (1882-1945), con sus soberbios dibujos a partir del libro de Thomas Malory en *The Boy's King Arthur*, incluyendo partes dedicadas a «Sir Tristram» y a «Sir Galahad and Sir Percival, in The Quest of Holy Grial», además de una romántica ilustración de Tristán e Isolda, cuyo peinado del caballero anticipa ya el conocido del Príncipe Valiente; Maxfield Parrish (1870-1966), discípulo de Pyle; o James Montgomery Flagg (1877-1960), muy popular por su cartelería patriótica. Tantos y tantos otros influyentes pintores como John Singer Sargent (1856-1925), Frank Brangwyn (1867-1956) o incluso el español José María Sert (1874-1945).

En esta cúspide artística merece mención aparte el referente que para Hal Foster supuso Arthur Rackham (1867-1939), quien fue otro conocido y renombrado ilustrador inglés que influyó decisivamente en Foster, lo que no es de extrañar dados sus numerosos trabajos para libros como *Puck of Pook's Hill*, de Rudyard Kipling (1906), *Peter Pan in Kesington Gardens*, de J. M. Barrie (1906), *Alice's Adventures in Wonderland*, de Lewis Carrol (1907), *A Midsummer Night's Dream*, de William Shakespeare (1908), *Fairy Tales of the Brothers Grimm*, de los hermanos Grimm (1909), *Gulliver's Travels*, de Jonathan Swift (1909), *Christmas Carol*, de Charles Dickens (1915), *The Romance of King Arthur and his Knights of the Round Table*, de Alfred W. Pollard (1917) o *Peer Gynt*, de Henrik Ibsen (1936). Pero, sobre todo, deben destacarse las fantásticas y soberbias ilustraciones que Rackham realizó de las partes que componen *El Anillo del Nibelungo* de Richard Wagner: *The Rhinegold and The Valkyrie* (1910), con 24 ilustraciones a color, y *Siegfried and Twilight of the Gods* (1911), con otras 32 acuarelas a color, que se publicarán en Londres y Nueva York, con sucesivas y numerosas ediciones posteriores.

También el gran ilustrador, Willy Pogany (William Andrew Pogany, 1882-1955), creador igualmente a principios del siglo XX de maravillosos dibujos de obras wagnerianas como *Lohengrin*, *Tannhäuser* y *Parsifal* en ediciones de libros hoy muy cotizados, y quien además fue el diseñador del reconocido premio *Silver Lady Award* que le fue concedido a Foster en 1952 como mejor dibujante del año, no escatimó en elogios y admiración hacia nuestro protagonista y su *Prince Valiant*. Llegó a decir de Harold Foster: «Me quito el sombrero ante ti y ante *King Features* por presentar a este viejo y perturbado mundo una serie de aventuras tan encantadora, refrescante y educativa».

El éxito y popularidad de *Valiant*, así como la influencia de Foster y su genialidad como dibujante y diseñador, en Estados Unidos y en todo el mundo fueron arrolladores, incluida, aunque tardíamente, en España donde se publicará muy parcialmente algunas tiras de la saga heroica en *Aventuras Maravillas* de 1950 y en *Boy* de 1953, si bien en la actualidad tenemos la suerte de contar con ediciones excelentes y completas del *Príncipe Valiente* a cargo de Planeta DeAgostini y Dolmen. Reconocido y galardonado (premio de la *Kansas Free Fair*, el *Silver Lady Award*, el *Gold Medal Award*, premio SAM, el *Silver T-Square*, la Llave de Oro de la *National Cartoonist Society Hall* y tantos otros), se llegó incluso a realizar en 1954 por Hollywood, la 20th Century-Fox, una conocida película a color, *Prince Valiant*, adaptada y dirigida por Henry Hathaway, con música de Franz Waxman y protagonizada por Robert Wagner como Val, Janet Leight como Aleta y John Dierkes como Sir Tristán. Aunque, como era de esperar, a Foster, quien acudió a su estreno en el *Grauman's Chinese Theater*, no le fue del todo de su agrado. Después de la película, incluso, la *Dell Comics* editó en 1955 y durante un tiempo después un total de seis números basados en el film, con dibujos a cargo del conocido flasgordiano Bob Fujitani y guión de Paul S. Newman. Aunque el personaje de Tristán tendrá un mínimo protagonismo en la cuarta entrega (con numeral 719 de la editorial) titulada «Peligro en la Tabla Redonda», cuando fue capturado con otros caballeros dirigiéndose a Thule para la exhibición de un torneo, destaca la siguiente entrega que se editó de la serie (la número 849) titulada «Hordas paganas impiden su "Búsqueda del Santo Grial"», así como unas curiosas historietas anexas al último de los números publicados, el sexto, referidas a los «Pasos para ser caballero» y, en especial, el dedicado a las «Peregrinaciones» en la Edad Media.

La ingente empresa que supuso el *Prince Valient* le exigió a Hal una práctica exclusividad durante toda la vida profesional en activo, aunque hubo excepciones, como las ilustraciones que realizó en 1943 para *La canción de Bernadette*, de Franz Werfel, sobre la historia de las apariciones marianas en Lourdes, y, sobre todo, con la tira *Castillo Medieval*, entre 1944 y 1945, ambientada en la Primera Cruzada, que surgió como consecuencia de la escasez de papel durante la II Guerra Mundial con la consiguiente reducción de espacio (no más de dos tercios de la página) para las tiras del *Prince Valiant* y servirle de complemento. Otros trabajos del autor merecen destacarse, como una entrañable viñeta, *The Christmas Day*, que apareció en la Navidad de 1948. A este propósito, por una parte, Foster siempre recordó la Navidad a lo largo de los años mediante felicitaciones personalizadas con dibujos propios de estas familiares fechas y motivos muchas veces desenfadados y divertidos, combinando incluso los personajes de Papá Noel y Val, o haciendo suyo el personaje del cómic con su propia familia donde no faltará su querida Helen representada como Aleta. Pero también, por otra, son memorables sus caricaturas del mismo caballero *Prince Valiant* que realizó para diversas publicaciones de la *National Cartoonists Society*, restando así seriedad al personaje, como cuando Merlín le dice a un *Príncipe Valiente* vestido con sombrero, así como con ropa elegante y moderna, mientras éste se mira a un espejo:

«¡No uses ese lenguaje¡ Sólo quise ver cómo habrías lucido en los años veinte».

Tras 34 años ininterrumpidos de trabajo con Val, desde aquel lejano año de 1937, Foster dejará el pincel un 16 de mayo de 1971, plancha 1.788, con una conocida ilustración de los tres caballeros, de espaldas, a lomos de sus corceles, en un gran valle y mirando desde terreno galo curiosamente hacia los Pirineos, tras los que se encuentra España (Hispania), destino de las migraciones errantes de los godos. Ello no impidió que continuara escribiendo (la última publicada el 10 de febrero de 1982) y coloreando para su *Valiant* aunque ya los dibujos corresponderían a su continuador elegido por Hal, el gran John Cullen Murphy. Un 25 de julio de 1982 falleció el gran ilustrador y maestro de todos los tiempos de la tira del cómic y sus restos descansan en Topeka, junto a su amada Helen que le siguió a la eternidad dos años después.

El impacto de Foster en el cómic español fue más que evidente. Así, *El Capitán Trueno* (1956), ambientado en la Edad Media, Tercera Cruzada del siglo XII, que, en palabras del propio guionista, Víctor Mora, tenía en los mitos artúricos una clara referencia. Similitudes en el relato épico (héroe caballeresco de elevadas cualidades y valores; Sigrid, reina de Thule, etc.) y el paralelismo pictórico de algunas viñetas con las de *Valiant* no sólo acreditan la fascinación y lectura de Mora por el *Príncipe Valiente* en su niñez durante el exilio familiar en Francia tras la Guerra Civil española sino también por parte del dibujante del popular cómic español, el gran Miguel Ambrosio —Ambrós—.

La influencia no se agotó aquí, dejando impronta en tantos otros en ese denominado siglo de oro del cómic español, de distinta ambientación histórica pero con el denominador común de la aventura y el heroísmo: *Roberto Alcázar, el intrépido aventurero español/Roberto*

Alcázar y Pedrín (Juan Bautista/Eduardo Vañó, 1940), *El Guerrero del Antifaz* (Manuel Gago, 1944)*, Las Hazañas del Caballero Fantasma/ El Jinete Fantasma* (Mora/Ambrosio, 1947), *El Jabato* (Víctor Mora/ Francisco Darnís, 1958), *El Cosaco Verde* (Mora/Fernando Costa, 1960) o *El Corsario de Hierro* (Mora/Ambrosio, 1971).

Pero, como aseguramos al inicio, la obra aquí prologada de José Carlos Ríos tiene una finalidad principal pretendida además del soberbio contexto fosteriano necesario donde se inserta y es su vinculación con Wagner. Y es que la mitología nórdica y con ello las óperas wagnerianas o sus personajes estuvieron muy presentes en la vida y obra de Hal Foster. Cabe señalar que su penúltima morada en *West Redding* (antes de su traslado definitivo a *Spring Hill*, en Florida), donde recalaron en 1944 procedentes de *Evanston*, fue bautizada como «Val-Hal-En» (Val, Hal y Helen), de evidentes connotaciones etimológicas con el Walhalla.

No es causalidad por ello que Foster acogiera necesariamente también para su *Príncipe*, dado su contexto histórico y localización, la leyenda artúrica y la mitología vikinga, y con ello todo lo que también fue el argumento de la mayor parte de los grandes dramas musicales wagnerianos. En primer término, y objeto de estudio por Ríos en su libro, fue el monopolio que al respecto Foster materializó esta acogida en un personaje bien conocido por nosotros, como es Tristán (*Tristam*, según lo denomina Foster en la saga, siguiendo a Thomas Malory). El tratamiento wagneriano de la figura en su *Príncipe Valiente*, a diferencia por ejemplo de Parsifal (Percival) meramente testimonial en la historia como un caballero más de la Tabla Redonda, le confiere y eleva a Tristán en cambio como a uno de los mejores protagonistas amigos-camaradas de Val en la corte de Camelot aunque sólo en importancia tras Sir Gawain, el mentor de Val y de quien fue inicialmente su escudero. Tristán se erige así, para los propósitos de Foster, en un caballero destacado de la Tabla Redonda del rey Arturo.

Calificado en la saga a nuestro portador del león rampante (su escudo de armas) como «el mayor de todos los guerreros después de Lancelot», «uno de los mejores caballeros de Inglaterra», «bravo», «poderoso cortés» (*courteous mighty*) o simplemente «poderoso» o «cortés», sin más, Tristán no aparece con la debida atención del dibujante del *Príncipe Valiente* hasta la plancha 87, de 9 de octubre de 1938, con ocasión de la memorable escena del torneo celebrado en Camelot y que termina con la derrota de un arrogante Val en su desafío a Tristán (plancha 89, de 23 octubre de 1938), representados en un soberbio dibujo que revela el gran dominio y esa perfección técnica de la que antes hablaba de los caballos por parte de Foster. A partir de entonces, de este lance, Tristán formará parte del conocido triunvirato, con Val y Gawain, en las iniciales aventuras contra los hunos y del viaje a Roma a lo largo de las tiras dominicales aparecidas en los años de 1939 y 1940.

Pero lo cierto es que el galante Tristán tendrá finalmente poco recorrido como amigo de aventuras de *Valiant,* lo que no deja de sorprender esta determinación temprana de Hal Foster pues lo que parecía inicialmente por apostar y darle un protagonismo evidente en los inicios de la historia del cómic, sin embargo, en 1940 «sale de la narración» para sólo reaparecer años después y poner fin a nuestro caballero del arpa un 11 de junio de 1944. El Príncipe Valiente, viajando al sur, a las Islas de la Bruma, en una búsqueda de Aleta, llega a la corte del Rey Arturo. Aquí, tras proponerle su leal Sir Gawain que, junto con Tristán, fueran los tres a dicha búsqueda, salen primero a averiguar dónde se encuentra Tristán y en el camino se encuentran a Sir Blamor que, al preguntarle por Tristán, les indica que justo estuvo el día anterior con él y que se dirigía a Tintagel (el castillo en los acantilados de Cornualles) para visitar a Isolda, la esposa del rey Mark: «¡Loco testarudo¡, ¿por qué debe entregar su corazón a la esposa de un rey?. ¡Apresurémonos antes de que suceda algo trágico!», exclamó Gawain.

Aunque hacía tiempo que a Tristán se le había prohibido ir al castillo del rey Mark, su gran amor por Isolda lo atrajo a su lado. Con ello se decidirá por parte de Foster la inevitable y precipitada suerte que le espera: su muerte a manos del rey Mark. En el castillo, se encuentra Tristán con Isolda: «Los labios rojos de Isolda gritan "vete, Tristán, vete" pero su corazón susurra "nunca me dejes, mi amor"».

Acechados por el rey Mark, que se esconde tras una cortina de la sala donde se encuentran los amantes, y a pesar de ser advertido ya tardíamente por Val del peligro que corría Tristán en ese momento, mientras tocaba la lira y cantaba a su amor Isolda, cae herido de muerte por la espada empuñada por la «cobarde mano» del rey Mark. Su amada, con el héroe de la «eterna noche» entre sus brazos, «no llora, su dolor está más allá del alivio de las lágrimas», acogiendo el cuerpo inerte de su otro yo. A Val y a Gewain sólo les queda montar en sus caballos, huyendo de la terrible escena y de la venganza de un rey. Foster, además de dejarnos ya sin nuestro caballero, también dejará la incógnita sobre la suerte de Isolda después del trágico acontecimiento.

Este empleo por Foster de la historia de *Tristán e Isolda* es muy acusado en su *Prince* y circunda siempre el insigne personaje de Tristán en sus apariciones en el cómic. Basta recordar con anterioridad el precipitado regreso en solitario a Inglaterra tras finalizar la aventura en Roma vivida junto con los camaradas de viaje Val y Gawain: «Por fin el galante Tristram cabalga a salvo saliendo de nuestra historia y sigue a su corazón de regreso a la bella Isolda en Inglaterra».

Existe incluso en la edición francesa del *Prince Valiant*, publicada por *Éditions des Remparts*, un volumen 12 de 1966 con el título precisamente de *Tristan et Iseult*.

Pero las connotaciones wagnerianas en el *Príncipe Valiente* van más allá de Tristán. Así, no debe desdeñarse otro episodio de evidente similitud con el *Tannhäuser* y es la peregrinación a Roma (plancha 225, de 1 de junio de 1941), para pedirle al Papa misioneros para evangelizar el reino de Thule, como buen caballero cristiano que es el *Prince Valiant*, al consagrar su espada pagana al servicio de la Cristiandad en su otra previa peregrinación a Tierra Santa. Tal es su fe, renegando de sus orígenes paganos, que llega incluso a destruir una imagen de Wotan (Odín en el cómic) que era adorada en ese momento por los habitantes de la aldea (plancha 831, de 11 de enero de 1953), y Val les dice a los presentes, a modo de nuevo apóstol y compadecido por su misma acción violenta: «No hay más magia que la Verdad. Id a la capilla y aprended la Verdad».

Esta religiosidad cristiana que juró defender con su espada no impedirá que nuestro héroe contemple uno de los episodios más conocidos en el repertorio mitológico empleado por el Maestro de Leipzig cual es el mismísimo Walhalla. Para ello Hal Foster emplea toda su maestría y precisión en el dibujo para conseguir una visión de extrema belleza, colorista y conmovedora de la morada de los dioses nórdicos y los héroes caídos en combate (plancha 828, de 21 de diciembre de 1952). Así, en el atardecer del día, tras beber el preparado de hidromiel que el druida le ha indicado y ambientado con sus cantos rituales rúnicos, el mago le indica la aparición ante ellos del puente del arcoíris sobre el que cabalgan las valkirias hacia el Walhalla, bajo el cual aparece Thor en su carro volador tirado por dos machos cabríos, Tanngnjóstr y Tanngrisniren, en lucha contra los gigantes, y todo ello, al fondo de esa visión, presidido a gran tamaño por un Odín-Wotan caminante, con sus cuervos Hugin y Munin en el hombro izquierdo y anunciado por los lobos Geri y Freki que aúllan. No faltan las diosas Sól y Máni (Luna) en el cielo cabalgando en sus carros tirados por caballos. «Ver es creer», le exclama el druida a Val.

Otro de los temas destacados, aunque discreto tratamiento que nuestro insigne dibujante e ilustrador realizó en el contexto arturiano y wagneriano es la búsqueda del Santo Grial, siguiendo en ello a

Chrétien de Troyes. Es el propio rey Arturo quien encarga a Valiente la misión de su búsqueda —el cual ya se había asesorado por el patrón de Irlanda— y averigüe la verdad de la reliquia. El genial epílogo que Foster da a esta búsqueda es la escena de Val, abatido, ante San Patricio (plancha 1209, de 10 de abril de 1960), al revelarle el verdadero misterio de la reliquia.

Todo ello y mucho más nos lo describe José Carlos Ríos en su nuevo libro, quien es ya un experimentado escritor y ensayista, con títulos como *El reverso del Quijote. Un probable hidalgo Camacho el Rico en sus frustradas bodas y el trasfondo islámico* (Eas, 2016*), Ciervos y Serpientes* (Fides, 2021), *La Trenza Dorada y otros relatos para tiempos nuevos* (La Rueca, 2022) y *Diario de un Soldado de Asalto al Servicio del Imperio* (Fides, 2023). Y, en particular, además de sus innumerables trabajos en las revistas y boletines de la AWG (*Nothung, Crónicas Wagnerianas* y *Hugin & Mugin*), destaca en esta temática su excelente estudio monográfico *La huella wagneriana y la ópera en Emilia Pardo Bazán. Del Teatro Imperial de Viena al Teatro Real de Madrid, pasando por Coruña (1873-1921)*, Asociación Wagneriana de Galicia, Coruña, 2013.

El poderoso Sir Tristán en la Saga del Prince Valiant (1937-1971) de Harold Foster. La apoteosis medieval de un arte contemporáneo, se divide en dos partes bien definidas, una con una minuciosa y extensa biografía de Harold Foster, y la segunda, la que da el verdadero sentido a la aportación del libro, retratando, como dice el autor, al personaje artúrico de Tristán en las coordenadas de Foster, para finalmente establecer unas reflexiones a modo de conclusiones y cerrando el texto con una bibliografía sobre Foster y su obra, además de una utilísima e interesante relación de las publicaciones y ediciones del *Príncipe Valiente* en España.

Con esta aportación José Carlos Ríos le confiere un plus a sus trabajos anteriores y por ello considero que lo hace elevarse a la excelencia. Nos regala investigación, sí, ideas propias, también, pero en mi opinión incorpora arte y música para nuestra vista y oídos, en modo de original e innovador ensayo, donde además se incluyen ilustraciones muy significativas y bellas del *Príncipe Valiente* al hilo de su narración que le acompaña, de modo preciso y documentado, consiguiendo con ello optimizar el discurso pretendido y facilitar la entretenida lectura. Y digo oídos porque, como a mí, estoy convencido que al buen lector le vendrá con la narración ese fondo musical wagneriano que el mismo autor recomienda al final de su libro y que trasciende de la misma, nos acompaña y nos invade en nuestro interior.

Creo que con esta obra y el acierto de su edición se añade no sólo un estudio más y una perspectiva hasta ahora inédita sobre el fenómeno Foster y su *Valiente*. También, y considero que es su mayor logro, trata de cohonestar esta obra de arte gráfica con aquella otra grandiosa musical de Richard Wagner y su *Tristán e Isolda*, desentrañando del relato fosteriano su personalidad y carácter, vivencias, para vincularlo con el drama wagneriano que, a pesar de sus diferencias narrativas en su final, coincidirán siempre en la eterna vinculación con la amada, muriendo por y de amor.

Ríos nos facilita un estudio analítico y sistemático del personaje que permite conocer la vida y andanzas previas de Tristán mucho antes de su trágica muerte, descubriéndonos con ello al caballero más allá del libreto conocido de Wagner, escudriñando sus intervenciones y aventuras con Val y sus amigos de la Tabla Redonda, de la mano del insigne Harold Foster.

Que disfruten.

Santiago Prados

Un wagneriano fosteriano

EL PODEROSO SIR TRISTÁN EN LA SAGA DEL PRINCE VALIANT (1937-1971) DE HAROLD FOSTER

LA APOTEOSIS MEDIEVAL DE UN ARTE CONTEMPORÁNEO

Para la princesa Leia, quien ya en los años 70' nos enseñó a aventurar sistemas galácticos desde la inspiración de Harold Foster. Con cariño y en la distancia, para Carrie Fischer (1956-2016).

Primera parte

La vida y obra del canadiense Harold Rudolf Foster (1892-1982) es suficientemente densa como para correr el riesgo de intentar plasmar en este trabajo una nueva o singular biografía del genial ilustrador. Además, es obligado reconocer que hay muy buenas obras que tratan esa profundidad como para, por nuestra parte, no querer cometer el error de desenfocar el prisma. El cometido es más modesto, si se quiere, peculiar. Primero lo que tiene de genialidad la personalidad del autor y describir lo trazos generales de su obra. En segundo lugar, la visión en Foster de la Historia en general y en particular la Edad Media, contexto donde se ancla el protagonista Príncipe Valiente (traducción al español del original *Prince Valiant*). Finalmente, aunque como especial objetivo, el resaltar la figura de un personaje secundario, en la saga antedicha de Sir Tristán el Poderoso. Rol secundario el del bretón, sí, pero muy apreciado por nuestro ilustrador como veremos en su momento.

Para poder describir el arte del cómic del gran artista de Halifax, de amplia y profusa creación, dado que fallece con cerca de noventa años, sería necesario circunscribirlo en su vida real, familia, esposa, trabajo, marco natural, sus deportivas y atrevidas aficiones, todo un vivir entregado a ser un *sportman*, un hombre de aventura realista, viajero, ¡nunca "turista"! Gran amante de la naturaleza, apasionado por el paisaje de su tierra y universo. Pero la parte más humana y elemental de Hal ("Hal", nacido en Halifax, Nueva Escocia, Canadá) es que tendrá que sobrevivir con lo que él mejor sabía hacer, dibujar, y por otro lado no perder un horizonte más elevado, la conquista de un ideal de belleza estética, un camino plagado de ilusión histórica, literaria, códigos caballerescos, búsqueda de mundos imaginarios, aunque anclados en una visión historicista del cómic. De ahí saldría el Tarzán de los Monos (*Tarzán of the Apes*,1929-1936) de referencia obligada para los amantes del cómic que inicialmente redactó en extensos relatos Edgar Rice Burroughs, rescatándolo de una tendencia "pulp" hacia la que derivaba el arte gráfico. La idea de un hombre salvaje blanco en África, con taparrabos de piel leopardo de diseño mínimo, un pelo corto en medio de una selva repleta de animales y tribus enigmáticas fue una definitiva forma calológica en reciprocidad de Hollywood con la creatividad literaria de Burroughs... y las entregas de Hal Foster a la Agencia Campbell entre 1929 y 1937, que dará como resultado la estética y guión en macro, del Tarzán de Johnny Weissmüller desde su primer film en 1932 (*Tarzan, The Ape Man*). La trascendencia de la ilustración al celuloide ya era una de las primeras influencias de Foster al mundo del arte.

Dibuja el ilustrador en cómics paisajes de un realismo que roza el naturalismo botánico, la arqueología medieval y tardoantigua, un mundo en resumen que nos atrapó en nuestra juventud, y hoy, mayores y con supuesta serenidad, queremos estudiar, entrever, profundizar, al tiempo que homenajeamos a una persona y obra, irrepetibles en la historia del gran y pequeño arte del dibujo y tiras en "serie río" de prensa diaria y dominical del momento. Nos lo hemos propuesto desde una dimensión artúrica, wagneriana y muy "tristaniana", aunque no es sólo este personaje el único rescatado del universo literario medieval, pues junto al caballero del león, Tristán de Cornualles, estarán los respectivos de la Demanda del Santo Grial, Sir Gawain, Lanzarote, Ginebra, Merlín, Perceval, el propio rey Arturo, entre otros.

Para empezar, el creador del *Prince Valiant* homenajeará al compositor y escritor Richard Wagner de tres modos diferentes como veremos en la segunda parte de nuestro trabajo y que ahora adelantamos:

1. Recordando magníficamente a Wagner y la Tetralogía del *Anillo* en el formato de gran viñeta de 21 de diciembre de 1952 (Regreso a Vikingsholm y el encuentro con el druida pagano), ver figura 1.

2. Recreando toda la estética wagneriana posible en múltiples aventuras y viñetas, especialmente con la influencia de la obra *Tristan und Isolde* (ver Figura 2).

3. Da vida a uno de los personajes principales de los Caballeros del Rey Arturo, en la configuración de Sir Tristán, el poderoso, "el más grande de todos los guerreros después de Lancelot", desde 1938

hasta 1944, cuando, preguntado Valiente por el bretón, le informan "que iba camino de Tintagel, (el castillo del rey Mark), para visitar a Isolda, la esposa del rey Mark". Inevitable para Valiente y Gawain, por desgracia para la vida ilustrada del personaje, Tristán es asesinado por el Rey Mark, con escena trágica de la enamorada pareja en viñeta memorable, cómo no, wagneriana a todas luces, "todo Camelot llora la muerte de tan caballeroso guerrero".

Va a ser Tristán un caballero tratado de modo especial, después del cercano amigo y compañero de aventuras de Valiant, Sir Gawain, a diferencia de las referencias más superficiales con que se tratan al rey Arturo (una visión agradable, pero estatista del rey de todos los caballeros), Lanzarote del Lago, Ginebra, Mordred, Morgana, Merlín, Nimue la Dama del Lago, Lionel, Galahad o Perceval el Galés, de donde Foster entresaca el mito del Santo Grial parsifaliano, también tratado en sus historias de tiras. Un ejemplo del mito griálico tratado por Foster, es lo que quiere solucionar Arturo, enviando a Valiant a desvelar la existencia física o no del Santo Grial. La "Demanda" da como resultado, asesorado por San Patricio la idea del mito (sentido positivo, simbológico), nada más. No es poco, aunque nos produce cierta insatisfacción a la hora de abarcar el mito salvífico: "Nunca ha habido pruebas de que el cáliz haya existido. No es un mito, sino un símbolo de fe, valor, y esperanza. Al emprender esta búsqueda, los caballeros contribuyen más a propagar la fe con su ejemplo que si la predicaran" (4/10/1960).

Desarrollaremos todo este asunto de los personajes más adelante. Hemos de comenzar con la biografía básica de Harold Foster. Se educa en una familia acomodada de Halifax con serias convicciones cristiano-anglicanas, su pasión por el mar (ya dibujándolo con su hermano Gerald) era tal que siempre presumió de no marearse en barco alguno, "era el mar el que se mareaba conmigo" decía, y a los diez años ya era patrón de un barco de vela de 90 metros de eslora, puro hombre atlántico.

Muerto su padre, su padrastro J. P. Cox retomó la economía de los Rudolf, y Hal tuvo que ponerse a comerciar, pues la economía de la importación de cebollas no resultó para mantener el nivel de vida de antaño. Apasionado como pocos con el mar de Nueva Escocia de Halifax, la nueva familia se traslada ahora a Winnipeg (Manitoba), donde el padrastro Cox inculcó en la educación de sus hijos la pasión por la caza y pesca en duras excursiones a verdaderos paraísos cinegéticos, los indómitos bosques, ríos y lagos de Winnipeg, a pesar de que aún tuvo tiempo de aprender a boxear para defenderse de su nuevo ambiente de "amigos combativos". Después de las peleas, le siguieron el béisbol, lacrosse, rugby y hockey, pero la difícil situación económica de los ahora "Cox", le llevaría al futuro artista a repartir periódicos, abandonando el instituto con dieciocho años, no obstante su autodidactismo deportivo e intelectual, le dejara tiempo para visitar asiduamente la biblioteca Carnegie de Winnipeg, donde profundizó sus conocimientos de la literatura germánica y anglosajona, arte gráfico incluido; fue entre libros donde conoció a Arthur Rackman (1867), una de sus referencias, por sus series wagnerianas, entre otras, para todos nosotros conocidas, Maxfield Parrish (1870), J. C. Leyendeker (1874), Howard Pyle (1903) (1), entre muchos otros, incluyendo a su tatarabuelo, escritor de leyendas del mar, Leonard Christofer Rudolf. A los 16 años "adquirí la absurda noción de que era un artista emergente" nos recuerda, y fue contratado como dibujante para la compañía Hudson Bay, donde aparecerá el amigo de su vida, Eric Bergman (de Dresden, Alemania, en 1914), que lo introducirá en su estilo y trabajo en otra compañía, la Bridgens Limited de Winnipeg.

Figura 1, de 828, 12/21/1952, numeración americana. El druida da una pócima a Val que la hará ver ni más ni menos que a los dioses del Valhalla. (ed. DeAgostini, 2011).

Observemos el homenaje localizable y directo a Richard Wagner en figura 1 (ver supra). El nórdico sacerdote pagano (druida, en nuestra traducción, de Adolfo García y José Miguel Pallarés, 2005-2006), mediante un antiguo ritual le hace beber a Val un hidromiel con droga, el cual ve como en realidad tácita, una compleja plasmación escénica:

el puente de Arco Iris que une la tierra con Asgard, por él cabalgan las Valkirias (también aladas y volando desde el Sol y la Luna) y los dioses (Odín, Fricka, Balder, Locki...), un Thor poderoso somete a otros pueblos, los lobos anuncian un Ocaso probable, Odín-Wotan vestido de Andante "montaraz", contempla toda la escena portando sobre sus hombros a Hugin (pensamiento e intelecto) y Munin (guardián de la memoria), sus cuervos mensajeros. Una soberbia ilustración (21 de diciembre de 1952), atraído por el mundo wagneriano, del que se vale para hacer una defensa de valores cristianos (su personaje Val lo es), ya superando el paganismo, a la vez que lo admiraba en tanto que legado cultural de natural identidad.

Compañeros, Eric y Hal, amantes de caballos y armas, de múltiples aventuras reales (remar, caminar, sobrevivir de la pesca, cazar) recorren una angosta Canadá: Lake of the Woods, ríos Winnipeg, Indian, rápidos del White Dog, bajadas accidentadas por el The Dalles, etc. La muerte de Eric (1958) será a pesar de todo, la más dura prueba que le costó remontar al menos joven Harold Foster; servirán como memoria gráfica y escrita de sus viajes afanados, los dibujos de ambos en difíciles y a la vez, divertidas ocasiones, del disfrute de la vida en pleno corazón de la naturaleza.

Estaba por entrar en su vida, la también de ascendencia germánica (Hal lo era en parte de marineros irlandeses, celto-germánica), Helen Lucille Wells (abuela materna Helen Mar Herman Webb Golden), que Hal conocerá en 1915, en plena Gran Guerra, con pocos hombres no llamados a filas, Hal entre ellos, por ser el único soporte familiar para sustentar a su madre y dos hermanastros. Fue en un baile del *Winnipeg Canoe Club*, cuando...

> "ese mismo día entraron al salón una damisela de alto linaje,
> y una frente como una flor de mayo, y una mejilla como
> la flor de un manzano, y ligera era su pequeña nariz con

31

la punta inclinada como una flor" (*Prince Valiant*, cuando describe a Aleta).

Dice Brian M. Kane (2006; pp. 41-42) en la biografía sobre nuestro artista que "…fue un par de ojos castaños que le devolvían la mirada. El cabello rubio de Helen, su vestido blanco y su pálida complexión se confundían con la pared blanca en la que estaba apoyada (…) Helen representó una pasión que no se esfumaría en los siguientes sesenta y siete años". Se casarán (ella, descrita por el novio como "una rubia pura" –ya saben, el lenguaje de la época-) un 28 de agosto de 1915, viaje añadido en canoa por unos parajes incógnitos para cualquier mujer de su tiempo.

Sus hijos aparecerán en este mundo como Edward Lusher Foster II ("Teddy") y Arthur (¡cómo no!) Foster, pero todo sobre, una vez más, una difícil situación económica, ya que Hal estudiaba (*Winnipeg School of Art*) al tiempo que trabajaba en las dos compañías gráficas que mencionamos. Ni cortos ni perezosos, Harold y un amigo calcularon la ciudad más reconocida de artistas, aunque norteamericana, donde pudiera prosperar su reputación y mejorar el sustento de los Foster: miraron el mapa… lo más "cercano" era Chicago (Illinois), unos 1.500 km. de distancia desde Winnipeg, pero no hay dinero para un viaje tan definitivo, así que tomaron unas bicicletas, pertrechos…y llegaron a Chicago como pudieron. No será la única ocasión, pues faltaba la vuelta, ya que Hal había perdido los derechos de propiedad sobre una pequeña mina de oro encontrada con Eric en Lake Rice. Chicago ya era la tierra de promisión, su "oro", que el Destino les había decretado.

Andando 1921, en la norteamericana ciudad, definitiva para el joven matrimonio, trabajará el canadiense para la *Jahn & Ollier Engraving Company*, aunque seguirá estudiando para perfeccionarse en el dibujo: primero en los cursos del *Art Institute* del *National Academy of Design* y *Chicago Academy of Fine Arts*); conocerá allí a Paul Proehl, Lord Dunsany, William Juhre (en la tira diaria de Tarzán) y Charles F. Armstrong, este último fue el contratado inicialmente por Hal para rotular los textos de *Prince Valiant* (*El Príncipe Valiente* para futuras ediciones en español), pues sus trabajos en Tarzán eran sobresalientes. Aunque paradójico, los duros años treinta no serán malos momentos para esta talentosa generación de excelentes dibujantes, realizando trabajos tanto para la *Northwest Paper*, la serie de la Policía Montada del Canadá de Foster es, a día de hoy, modelo estético de ese cuerpo policial tan especial, así como para su publicidad.

Harold Foster tendrá su gran primer trabajo, con 36 años, en el semanario inglés *Tit-Bits*, en noviembre de 1928, después en trece publicaciones periódicas norteamericanas y tres canadienses, con su héroe Tarzán (texto de E. Rice Burroughs), editado por la futura y casi definitiva *United Feature Syndicate* neoyorkina, y aunque pasó por graves momentos donde al selvático hombre lo dibujaron otros: Rex Hayden Maxon, por ejemplo.

Los momentos de la Gran Depresión de 1929 no eran precisamente los mejores para los artistas de dibujantes de tiras en periódicos de publicaciones de cómics sólo dominicales, despreciado por la U.F.S. (*United Feature Sydicate*, que integraba desde 1930 la anterior *Metropolitan Newspaper* de M. Elser), Harold fue un segundo plato, pero esta vez lo agarró con fuerza, para que no se le fuera de las manos el salvaje creado por Burroughs, nunca satisfecho con Maxon. Llovían tiempos duros, de hambre y desolación para la totalidad de la sociedad americana, y no convenía desaprovechar los escasos instantes en que la diosa Fortuna pudiese aparecer: en el otoño de 1931, Harol reinicia su serie de Tarzán.

En esta precisa época con la U.F.S. es cuando el genial ilustrador revoluciona las tiras de leyendas, en lugar de la incursión de bocadillos en las viñetas que según él, estropeaban los fondos, escenas y paisajes de cada acción, es la técnica que él mismo denominó *story-strip*, es decir, fondos magníficamente detallados con el texto normalmente (no siempre) desarrollado e independiente en su parte inferior, sin inmiscuirse en el dibujo. El resultado será fascinante para no sólo el mundo del cómic, sino para toda la historia del arte "menor" del siglo XX y contemporáneo. Después vendrían los dorados tiempos de Alex Raymond (*Flash Gordon* siempre en el recuerdo), gran amigo como sabemos de Hal, o *The Phantom* de Lee Falk y Ray Moore, ya entre los años 1934-1936. Harold ya estaba haciendo historia, insinuando, sin darse cuenta de su gran potencial artístico, de que estaba recreando cine histórico (la estética Hollywood de la serie egipcia de Tarzán es la acreedora de todo el cinemascope futuro de los años 40 y 50), incluso en las tendencias de ciencia-ficción de Raymond, así nos relata Thomas A. Pendleton (1979),

> "Foster, con su pasión de ilustrador por los detalles históricos, no sólo diseñaba atuendos, armamento, arquitectura y estatuas, sino que era minucioso con los ornamentos, el mobiliario, los utensilios domésticos y las herramientas de agricultura. Sus egipcios y vikingos se sentaban a diferentes tipos de mesas y comían en diferentes tipos de platos…"

Non solum… si a eso le añadimos la calidad del texto, del cual cada vez se va haciendo más dueño Harold, al escribir él mismo la literatura de las viñetas, el resultado es una obra de arte gráfica de diríamos, ideogramas, donde la imagen, por muy bella que sea, se ha de complementar con un buen argumento-redacción y el móvil de un guión atractivo, si no, "no tendrá gran interés" (2). Hay más si cabe.

Detrás de esta idea original del creador canadiense de dibujo aso-
ciado a texto literario, que se verá plenamente expuesto en *Prince
Valiant* y sin "bocadillos" que deformen la ilustración, subyace primero el *tropos* de la imagen, es decir, la relación visible y racional de
objeto con el texto (en prosa o poético) y su significado. Narrativa con
viñetas, ideogramas lo calificábamos, pero también semiótica. Hemos
de agradecer a la obra de Martínez-Pinna (2012; p. 17) este impor-
tantísimo detalle del "estudio de símbolos y signos, y cómo éstos son
creados" por Harold Foster. Primero, el dibujo contenido o desborda-
do de la viñeta, bidimensional, con encuadres, arquetipos estereotipa-
dos que definen personajes, gestos, escenas que han de ser reconocidas
de manera general. Segundo, esta técnica narrativa de texto literario
horizontal con imagen, traza el paso del tiempo, en acciones paralelas,
variando los paneles (¡recordemos, 1800 planchas!, muchas de ellas de
un detallismo espectacular), incluso con fragmentos zoom. Y tercero
es la expresión propiamente literaria: ni siquiera el autor que desde
1971 ya no dibuja al personaje, sí quiere seguir redactando el guión
narrativo hasta casi el final de su vida en 1980. El texto situado en la
parte inferior normalmente, cede ante la imagen, pero no se desprecia
la prosa, aunque limitada. Hay en los textos de Hal una "voz en off"
que marcadamente sí martillean los bocadillos tradicionales y él no
necesita con este formato. Todo ello lo reduce el autor, sobreenten-
diendo que el lector-visualizador capta el mensaje de la idea que ya le
transmite la viñeta, la/as imágenes concretas de la misma: la expresión
literaria pasa a ser retórica, alegórica, en parábola (tropos), aunque
con innegable riqueza léxica, imaginativa construcción de tramas,
dramaturgia, movimiento que roza lo fílmico sin obviar lo psicológi-
co en lo que allí expone. Es la casi perfecta caracterización de la épica
que se nos quiere transmitir.

A pesar de todo, de su éxito con Tarzán y el apoyo del propio
autor literario Burroughs, a Foster le seguían preocupando los pocos

emolumentos que le proporcionaba su ya constatable éxito e irá pergeñando un trabajo más original con un personaje propio, y ese será el comienzo de un *Príncipe Valiente en los días del Rey Arturo* (*Prince Valiant in the days of King Arthur*).

PERO DEBE DE ALCANZAR ALGUNA ISLETA DISTANTE, YA QUE CUANDO ABRE LOS OJOS...

208 2-2-41

...CONTEMPLA UN ROSTRO QUE JAMÁS VA A OLVIDAR.

Figura 2: Después de huir del pirata Angor Wrack, Val se fuga en pleno mar abierto, se pierde solitario, llegando inconsciente y medio muerto a una de las Islas de las Brumas, donde le espera una *isoldiniana* Aleta, reina de las Islas, con cáliz salvador. Recuperado y de nuevo a la mar, Val no pude dilucidar si lo que ha vivido ha sido sueño o realidad: "una belleza tan arrebatadora sólo podría existir dentro de un sueño". Será el principio de una búsqueda que tardará varios años en terminar. Viñeta de finales de 1940. Toda la estética de la escenografía wagneriana y tema legendario es más que perceptible en los dibujos, composiciones, guión y texto. Figuras 1 y 2, de edición en 26 tomos de Planeta Agostini, 2011 y 2006, deudora en la edición de dibujos coloreados de Fantagraphics Books -1984- y la versión española de ediciones B.

Con Buck Rogers y Flash Gordon, los lectores, como embobados miran al futuro, pero Hal lo quiere dirigir al pasado tardoantiguo y medieval en toda su extensión para nada rigorista, aunque sin duda referencial. Comienza lo que denomino, "La Apoteosis medieval" del genial canadiense, que concibe la Edad Media no como una cronología-estanco, sino más bien lo medieval como una continuidad natural del mundo antiguo, lo que en rigor es cierto hasta bien entrada, lo que denominamos hoy Baja Edad Media (ss. XIV y XV), que ya es otro cantar.

Se consideró esta apuesta como una dura contestación al ambiente de los temas del momento; es más, el revolucionario arte historicista se colocaba a sí mismo como un modelo de ideal, lo que "me gustaría ser a mí mismo, controlar sus acciones". Inspirado en sus lecturas bibliotecarias de Winnipeg y en las respectivas de Chicago y donde estuviere, entusiasmado con el mundo de la caballería de cuartel y andante, la literatura medieval artúrica, mitos ingleses y franceses, Materia de Bretaña incluida, sirvieron al "Caballero Foster", durante más de dos años, para recoger material literario, gráfico, arqueológico, un héroe "que estuviera bien vestido y armado (…) que pudiera reclamar un lugar en el mundo", recurriendo a un gran personaje de la Tabla Redonda artúrica, un "Príncipe de Thule" (de Noruega, del mismísimo fiordo de Trondheim, de madre romana), pero en su primera página, constará como *El Príncipe Valiente* (1934-1937), aunque con muchas concesiones anacrónicas, "porque no es esa la imagen que la gente tiene" de momentos históricos bien argumentados, especialmente inspiradas en los avituallamientos, armas, castillos, navíos y armaduras normandas, sabía por tanto lo que hacía y aún "superará" esos anacronismos. Por cierto, muy bien insertados, con una intencionada ingenuidad, dado que no se realza en el hilo y trasfondo argumental para sujetar mejor un relato de historia tardoantigua, mezclándolo con lo altomedieval e incluso plenomedieval: no debía ser un problema para el lector medio, sea americano, inglés, francés o alemán, adonde toda esa estética podía inicialmente ser bien dirigida, digerida y asimilada, si quieren, entendida.

Aunque dibujando ya al nuevo héroe, a Foster le parecía que direccionar toda una saga que quería perdurar, le podía ir faltando base informativa, y busca un refugio donde trabajar, trasladándose con Helen e hijos a Topeka (Kansas) en 1936. Se quiere inspirar mejor, recopilar un número de recursos considerables para lo que, intuye, se le viene encima si quiere arquitecturar bien al príncipe medieval nórdico…y vivir él y su familia a costa del personaje: lo va a conseguir gracias a su genio, papel y tinta, poniéndole delante a Joe Connolly (presidente de la poderosa *King Features Syndicate*) seis meses de trabajo. Foster dejará su empleo con Tarzán y la *Famous Books and Plays* (dependiente de la U. F. S.) a finales de 1936, dedicándose ya por entero a su propia tira con *Valiant*, definitivamente sustentada desde la K. F. S. de William Randolph Hearst.

Lanza su primera tira el 13 de febrero de 1937…todo un evento para la banda diseñada, un año antes de *Superman* (Jerry Siegel y Joe Shuster) y casi dos antes de *Batman* (Bob Kane y texto de Bill Finger), futuros hitos en la historia del cómic, de perspectivas muy distintas a las fosterianas.

Le faltaba mejorar a Hal el texto, darle mayor calidad, afinarlo, de momento recurriendo "prestados", a muchos giros y estilo de J. Blanch Cabell, Haldane MacFall y sobre todo Lord Dunsany, o sea, Edward Plunkett. Resultado de todo ello es un autor de "Arte total" con una propia filosofía de la vida, plasmada en el caballero medieval:

"Cuanto más aprendo de los tiempos del Rey Arturo, menos pienso en nuestra civilización moderna. A decir verdad, la vida era a veces cruel en aquella época, pero era una brutalidad honesta. Al menos no lo justificaban con tantos tópicos virtuosos como hacemos en la actualidad (…). Esa es la belleza de haber tenido que enfrentarme al frío mundo a la edad de 13 años y de que se te haya negado una educación…conseguirla se convierte en un interesante juego que mejora a medida que pasa el tiempo. Si vas acumulando todo lo que aprendes aquí y allá, al juntarlo todo, puedes convertirte en algo" (correspondencia con Milton Caniff).

Con argumentación tan bien edificada, al ex-rey Eduardo VIII, ahora Duque de Windsor, le llegará a salir de su admiración por Harold Foster, afirmando que el Príncipe Valiente era "la mayor contribución a la literatura inglesa de los últimos cien años".

No podemos dudar de la fantasía e imaginación que envuelven al personaje central, amigos y ambientes, pero es dentro de esa evidente ficción, donde se desenvuelve un Valiant "realista", creíble, que le valió la crítica y riesgo de mercado cuando al joven príncipe se le ocurre casarse (Aleta, inspirada en Helen Wells sin duda) y tener un hijo (Arn), con las obligaciones domésticas que conllevan: "En mi tira, cuando la gente se enamora, se casa y tiene hijos" (1947). Con lo que no contaban los empresarios es que precisamente esa mezcla de ficción y realidad fue lo que, en verdad, enganchó a una parte importante de la clase media americana y europea.

Pasa el tiempo y el estilo, ya muy definido de Foster, que es resumido por Gil Kane en una memorable entrevista de 1969:

1. Aporta inteligencia y espíritu a la tradición del héroe romántico, creador de una saga heroica inigualable.

2. Aporta moderación en el área del romanticismo con trabajo de investigación muy elaborado.

3. En las posturas atléticas de los personajes, crea las normas básicas de cómo deben moverse los héroes en el cómic, no poco influenciado por el desarrollado mundo del cine.

4. Aporta a este arte "menor", el concepto de nobleza y aristocracia, comprensión. Cualidades de mente y espíritu, al tiempo que control y moderación.

La vida de Harold Foster discurrirá tranquila en Connecticut, recibe múltiples premios nacionales e internacionales (entre ellos el *Silver Lady*, el "Oscar" del arte gráfico de cómic, 1952), monta a caballo, atiende el jardín, escucha buena música, ve cine, se distrae viendo béisbol, durante y más allá de la posguerra (recordaremos la bella tira de *La Canción de Bernadette*, 1943; o *The Christmas Story*, 1948), colaborando con otros autores, el mismo Walt Disney, o con el pujante mundo cinematográfico, el cual no le quedó plenamente satisfecho (*Prince Valiant*, de Henry Hathaway, 1954), aunque le impresionó la buena partitura de los temas musicales de la película, de la mano de Franz Waxman (1906-1967).

Waxman fue un excelente compositor de bandas sonoras del cine americano y alemán (compartió conceptos musicales de dirección y composición con Bruno Walter), oscarizado por la Academia en múltiples ocasiones. Deudores del mismo y acompañándole, serán los ya dioses de las orquestas de Hollywood, Max Steiner, Jerry Goldsmith y John Williams (*Star Wars*, 1977). El estilo de Waxman parte de un concepto épico y romántico de la música (perteneció a la Sociedad Mahler), derivando al final de su vida a influencias jazzísticas.

La vida del matrimonio Harold Foster y Helen Lucille se transforma un tanto cuando se trasladan a Spring Hill (Florida) en 1971, en busca de un clima plácido, debido a una fuerte artritis del autor, acabando su última tira integral del héroe medieval (8/06/1971), ya en silla de ruedas, después de tres cuartos de siglo sentado en una mesa de dibujo y olvidándose realmente de quién era. Operado de cadera en 1980, Harold Foster nos dice adiós en este mundo para irse a su particular Walhalla ("Val-Hal-En", como él mismo denominaba a su casa terrenal...) cristianizado en un 25 de julio de 1983, día de Santiago, patrón de la caballería, pero sin duda el creador para la posteridad, de la "tira de aventuras" en tabloides más ingeniosa, noble, bella, medievalizada, aristocrática y llena de chispa que el género de cómic haya jamás realizado e ideado.

NOTAS

(1) De Howard Pyle, B. M. Kane (2006) destaca como influyente bibliografía en la obra de Harold Foster con los títulos, *Otto el de la Mano de Plata* (1888); *The Story of King Arthur and his Knights* (1903); *The Story of the Champions of the Round Table* (1905); *The Story of Launcelot and his Companions* (1907) y *The Story of the Grail and the Passing of Arthur* (1910). Por nuestra parte, de Arthur Rackman seleccionaremos *Peter Pan in Kensington Gardens* (1906) sobre la obra de James Barrie; *Alice's Adventures in Wonderland* (1907) y sus definitivas colecciones sobre el Anillo de los Nibelungos (*The Ring*) de Richard Wagner en dos entregas, *The Rhinegold & The Walkyrie* (1910) y *Siegfried & The Twilight of the Gods* (1911). Resultaron siempre elogiosas las obras artísticas del español José María Sert (presente en EE.UU. con su magna obra de tema cervantino *Las Bodas de Camacho*), así como las de J. Singer Sargent y Norman Rockwell.

(2) "El dibujo de los comics no es demasiado importante, pero la idea de la historia sí lo es. Una buena historia puede tener éxito, aunque su ilustración sea mediocre. Sin embargo, un buen dibujo no puede sostener una historia mediocre", dirá Foster en una carta a Victor Kally (24/02/1969). ¿Una concepción del "Arte total" trasladado al mundo gráfico? Pudiera ser...

Segunda parte

"Son muy escasas las ocasiones en las que el color ha dado fuerza expresiva y significado narrativo al drama de Foster, siendo el ejemplo más elocuente la ya referida gran viñeta de la página 828, en donde el ocaso de los dioses asume un cromatismo de tono crepuscular que evoca la pasión de las grandes óperas de Richard Wagner sobre la mitología germánica". Eduardo Martínez-Pinna, *El rescate emocional de un clásico: "Prince Valiant", la obra cumbre de Hal Foster*, 2012, p. 48.

Decíamos en la primera parte de este ensayo que nos habíamos propuesto abarcar el personaje de Sir Tristán de Harold Foster desde una dimensión artúrica, wagneriana, lo más "tristaniana" posible, aunque no es sólo este personaje el rescatado del universo literario medieval y artúrico, pues junto al caballero del león, Tristán de Cornualles e Isolda, estarán otros de la Demanda del Santo Grial, Sir Gawain, Lanzarote, Ginebra, Perceval, el propio rey Arturo y algunos más, a veces sólo nombrados en lejanas e imperceptibles figuras de las viñetas correspondientes. Aunque actores secundarios del guión y acción, es importante la presencia de estas figuras ilustradas y literarias, dado que el autor consigue no abultar tanto el sobrepeso del personaje principal de Valiant, haciéndolo descargar de manera liviana sobre Sir Gawian, y más adelante en Aleta o su hijo Arn. Es muy normal que estos papeles "aligeren" al héroe central del tan excesivo como inevitable protagonismo, y más si la saga fosteriana es tan extensa en el tiempo (1937-1971), un aire fresco sin duda para el autor y los lectores.

Sir Tristán el Poderoso, calificado literalmente a lo largo de sus apariciones como "El poderoso Tristán", "El osado Tristán", "El atrevido Tristán", "El gallardo Tristán" y "El fortísimo caballero" …

Resalta a primera vista que desde la primera aparición física de Tristán (87, 9/10/1938, v. nota 3) en el relato y viñetas del Príncipe Valiant, la fuerte apariencia física con el joven príncipe protagonista: corte de cabello oscuro "al hacha" en flequillo, alrededor del cuello y nuca, muy similar (en exceso, tal vez…) a Valiant, tanto es así, que si no se percata uno bien, se confunden sin remedio, aquél algo más alto, pelo oscuro igualmente al del príncipe, aunque luciendo un ligero bigote, diferenciado con su traje oscuro que dibuja en el pecho un gran león, amarillo dorado en las ediciones coloreadas y muchas veces en negro sobre fondo rojo y verde el camisote/corselete sobre la cota de malla de la época. Porta varias celadas/cascos, estilo normando sin protector nasal, a veces coronado en la parte inferior, pero cuando combate con Valiant en el Torneo de Camelot (88, 16/10/1938, 89, 23/10/1938), su majestuoso yelmo porta en el frontal la figura en cimera de un gran león dorado. En puntería con arco, el mejor de "los tres caballeros" sin duda: 179, 14/7/1940. Su carácter y psicología es bastante más seria, en contraste con la de Gawain (alegre éste, jovial, seductor, valiente, atrevido), o sea, más grave, mesurado, normalmente severo en el semblante, modo de gesticular, con palabras textuales comedidas. Y es que Tristán no va a ser sólo un personaje más de la saga, sino del estilo continuante de importantes roles secundarios como el propio rey Arturo, Merlín, su padre Aguar, el Rey de Thule, bien exiliado en Bretaña o en su fortaleza de Vikingsholm, fiordo de Trondheim, al igual que las tan amadas como fallecidas madre de Valiant y enamorada Ilene. Es más bien al modo de un grupo de segundos protagonistas de la saga (hasta aparición de Aleta en dibujos de 1940), tipo Sir Gawain "el despreocupado", llegando a ser Tristán, "el tercero" en destaque desde 1938, acabando con su despedida "oficial" en 1940, para aparecer luego, como queriendo Hal Foster rescatarlos para cerrar un ciclo que había dejado inconcluso, con la conjunta muerte de Tristán y desgraciada Isolda en viñetas de 1944. Van a ser pues en este espectro de tiempo "los tres caballeros de la Tabla Redonda de Camelot" o más escuetamente denominados "Los Tres caballeros"/"Los tres amigos" (Valiant, Gawain y Tristán, en especial 169, 5/5/1940), fieles a su rey Arturo, destacando en la lucha y soporte contra las invasiones de los hunos o viajes a Roma. Es destacable la viñeta (195, 3/11/1940), entre otras de fiel fraternidad, la de los tres héroes abrazándose, emocionados, pero el texto es igual de conmovedor (traducción directa desde el inglés original): "Los tres amigos se abrazan, quizás por última vez, y las lágrimas corren libremente por sus mejillas bronceadas (pues en aquellos tiempos los hombres valientes no habían aprendido a avergonzarse de sus emociones)".

Algunas de las fuentes literarias de Foster ya han sido nombradas en la primera parte de este ensayo, pero debemos subrayar de nuevo y ampliar la importancia de las lecturas del guionista y dibujante desde las fuentes tardías de Sir Thomas Malory, autor del siglo XV que recopilará la anterior *Vulgata* (*Historia del Graal*, *Merlín*, *Lanzarote del Lago*, *Demanda del Santo Graal* y *Muerte del rey Arturo*), de este autor, Hal toma el mismo nombre literal de Tristán en las ediciones originales: *Tristam*, sin duda destacable. Para el caso que desarrollamos, también es "culpable" el otro Thomas de Bretaña, quien fundió las narraciones artúricas con la vida, hechos amorosos y aventuras de Tristán (*Tristán*, 1115-1185). Constatamos igualmente que la inspiración de Geoffrey de Monmouth fue lateral y secundaria. No son las de Foster, las fuentes directas que tomó Wagner a través de las lecturas de Gottfried von Strassbourg (s. XIII) para el *Tristán und Isolde*, si bien a aquellas referencias literarias medievales mencionadas, hemos de añadir la perspectiva en tamiz de la estética, ambiente y psicología de todo el lenguaje modernizado de las novelas de Walter Scott o de John Steinbeck en las colecciones de tema artúrico (*The Acts of King Arthur and His Noble Knights*), o las novelas de Terence H. White (*The Once and Future King*, traducción española como *Camelot*), el propio Shakespeare, o bien el Nobel Rudyard Kipling (*Puck of Pook's Hill*, 1906).

Respecto a la música, nos consta la admiración de Hal por Franz Waxman (1905-1967), dando la mejor música a la dirección de Hathaway de 1954, por otra parte, desafortunada cinematográficamente hablando y nada fosteriana, admirador éste de la música wagneriana (su música en *Rebecca* de A. Hitchcock -1940- aún es hoy referente para las bandas sonoras cinematográficas) y maestro de los futuros filmes de Billy Wilder, George Stevens, o su diáfana influencia en el compositor-director de la saga galáctica, John Williams.

Mundos compartidos, el creador del *Prince Valiant* homenajeará al compositor y escritor Richard Wagner de tres modos diferentes como veremos en esta segunda parte de nuestro trabajo:

1. Recordando magníficamente a Wagner y la Tetralogía del *Anillo* en el formato de gran viñeta de 21 de diciembre de 1952 (Regreso a Vikingsholm y el encuentro con el druida pagano, figura 1 mencionada).

2. Recreando toda la estética wagneriana posible en múltiples aventuras y viñetas, no sólo *Anillo del Nibelungo*, también sagas nórdicas, mundo trovadoresco germánico, normando, británico-bre-

tón, Demanda propia de Valiant del Santo Grial, aunque sí en especial desde la influencia de la obra *Tristan und Isolde* (ver figura 2 con Aleta en Las islas de las Brumas). No se escapa la referencia artúrico-wagneriana a una Excalibur/Nothung en la propia, encantada espada Cantarina para Val, ofrecida por Arn al atrevido escudero ante lo imposible (70, 12/6/1938). "Esta hoja encantada es Flamberge, obra del mismo mago que forjó la Excalibur del Rey Arturo" le dirá la bruja Horrit (92, 13/11/1938).

3. Dando vida a uno de los personajes principales de los Caballeros del Rey Arturo, en la figura de Sir Tristán, el poderoso, "el más grande de todos los guerreros después de Lancelot" (87, 9/10/1938), desde 1938 hasta 1944, cuando, preguntado Valiente por el bretón, le informan "que iba camino de Tintagel para visitar a Isolda, la esposa del rey Mark". Inevitable para Valiente y Gawain, finalmente, Tristán es asesinado por el Rey Mark, con escena trágica de la enamorada pareja en viñeta memorable, cómo no, wagneriana a todas luces. Posteriormente, "todo Camelot llora la muerte de tan caballeroso guerrero". Lo volveremos a tratar más adelante.

Vimos antes la magnífica viñeta de Odín-Wotan (628, 12/21/1952), pero hemos de volver de nuevo a varios ejemplos que incrementan la estética y situaciones artúrico-wagnerianas en las siguientes series de viñetas:

—Todas las de la doncella Ilene, primera enamorada del Príncipe: 39, 6/11/1937 hasta su muerte en 83, 11/09/1938, con reminiscencias marineras y "tristanianas", en especial la viñeta central de 76, 24/07/1938. La escena del emisario que da buenas nuevas a Ilene no tiene desperdicio (ilustración numerada como 9, en 53, 2/12/1938) y su texto: "El tierno corazón de Ilene late emocionado cuando llega el mensajero con la noticia de las heroicas hazañas de Val. La doncella se apresura a partir hacia el castillo".

— Aleta, la reina de las Islas de las Brumas, en escena muy "*Tristan und Isolde*", con barca arrastrada por la joven reina, el herido Valiant-"Tristán", el cáliz de milagroso y transformador alimento: lo habíamos visto y comentado en la primera parte de este trabajo (figura 2). Aleta será más adelante, la madre de su hijo Arn, el cual estará siempre aferrado a su amado reino de Thule, más que su padre…, y sus hermanas gemelas Valeta y Karen, en un papel más doméstico y humano, si bien en las primeras apariciones de Aleta, ésta se dibuja como la inspiradora, redentora y ensoñadora amada que hay que buscar en la distancia y en el tiempo, el real y el onírico: viñetas 208, 2/02/1941, saltando después a 403, 10/29 -sic-/1944, donde la escenografía marítimo-tristaniana vuelve, y desde ahí hasta 409, 12/10/1944 con su reencuentro y boda cristiana cerca de Rávena: composición de una belleza exultante (entre 470, 2/10/1946 y 471, 2/12-mes se ve borroso-/1946) con reminiscencias paganas y los vándalos de Genserico (personaje admirado y reverenciado por Valiant) entrando a saqueo en Roma…

— "Sellos" (*stamps*) de personajes en las entregas desde finales de 1938, parte superior de las páginas, antes de las viñetas, a modo de "tira", hacemos una nada fácil selección: Tristam -busto- (87, 9/10/1938), Tristam -Escudo- (114, 16/04/1939), Tristam -escudo y busto- (139, 8/10/1939), Sir Kay, Sir Ector, King Mark e Ysold (88, 16/10/1938), Perceval (91, 6/11/1939 y 131, 13/08/1939), The Lady of the lake (99, 1/01/1939), Mother of Arthur, Igraine (29/01/1939), The Crown of Thule y Chalice of the King (107, 26/02/1939), Genseric (111, 26/03/1939), The wild huns ravage Europe (112, 2/04/1939), King Arthur (113, 9/04/1939; 160, 3/03/1940; con Valiant en 172 y 173, 10/06/1940 en adelante hasta 246, 26/10/1941), Lancelot du Lake (115, 23/04/1939, -escudo- 114,

16/04/1939), Camelot y Lancelot (116, 30/04/1939), Galahad (131, 13/08/1939), 455 AD Vandals Pillage Rome (132, 20/08/1939), Falcon Crest of Sir Gawain (147, 3/10/1939 y desde 264, 1/03/1942 hasta 270, 12/04/1942, se repetirán a lo largo de 1942; en 114, 16/04/1939 -escudo-, sello en la parte inferior de la última viñeta), Viking Raven (162, 17/03/1940), Charlemagne (Crowed, Emperor of Rome, Died, 167, 21/04/1940), Arthur Sword Excalibur (169, 5/05/1940), Guinevere Queen (169, 5/05/1940), Merlin (170, 12/05/1940), Aleta Queen of the Misty Isles (92, 13/11/1938, 247, 2/11/1941 hasta 252, 7/12/1941; se repetirán a lo largo de finales de 1943), Viking ship (97, 18/12/1938). Los sellos de personajes del *Prince Valiant* desaparecen desde 336, 7/19/1943.

— Hulta, hija del jefe de los pastores panonios y posteriormente casada con el joven griego Slith, tendida y con el cabello largo y desplegado, es descubierta por Valiant como mujer, dado su atuendo en combate contra los hunos. Es una viñeta que recuerda al traspaso del fuego de Sigfrido y éste revela el sexo de la guerrera y acorazada Brunilda. Espectaculares tabloides de esta escena son 159, 25/2/1940 y 160, 3/3/1940.

—Tintagel, fortaleza de Cornualles. Cuando Sir Gawain y Valiant van en busca de Tristán ("¿te acuerdas de las aventuras que corrimos con Tristán?", le recuerda Gawain a Valiant...), se dirigen al castillo del rey Mark, para después en un supuesto, reunirse de nuevo los tres para ir a las Islas Brumosas (Aleta), pero sólo encuentran desolación a su paso y hostiles súbditos de Mark. La viñeta del castillo, soberbia, no augura buenos presagios: "Tintagel, el sombrío castillo del rey Mark, domina un acantilado azotado por los vientos en la salvaje costa de Cornualles. Un escenario más apropiado para una tragedia que para un alegre romance" (381, 5/28/14 -sic- y 382, 6/04/1944). Es Mark, ante la presencia de sus amigos, quien da muerte a Tristán ante los ojos de Isolda (383, 6/11/1944) y... "Val y Gawain montan en sus corceles y huyen del escenario donde se ha representado la terrible venganza de un rey". La ofensa al rey de Cornualles queda vindicada, aun a costa de la dramática muerte del héroe.

En ya una viñeta de 1953, es el propio rey Arturo el que posee Tintagel (843, 4/05/1953), y desde sus almenas contempla un nuevo cometido para Valiant, es "la guerra de los cinco reyes de Cornualles", lejos del romance y personaje de Tristán y castillo de Isolda.

Es muy "Wartburg" el castillo del rey Auar de Thule (castillo de Vikingsholm, capital de Thule), observado por un falso trovador llamado Valiant (345, 9/19/1943), así como muy "walkírica" la joven cazadora Sigrid que rescata al joven príncipe, donde incluso confunde a la misma con la Aleta de sus sueños, caído por un acantilado: desde 359, 12/26/1943 a 363, 1/23/1944.

Tristán el Poderoso, creación literaria y gráfica de Harold Foster (183, 11/08/1940).

Centrándonos definitivamente en las aventuras de Valiant, Gawain y Tristán, estos son sus temas, dibujos y narraciones que Foster nos ofrece desde 1938 hasta 1944:

1. El Gran Torneo de Camelot (86, 2/10/1938 a 90, 30/10/1938), donde un anónimo y aún joven escudero Valiant, reta (reto de lanzas después del episodio de las cargas en dos líneas opuestas) al caballero del león: "… y golpea el escudo de Tristán, el más grande de todos los guerreros después de Lancelot ¡Acaban de retarle!". Es muy dura la pugna, pero Tristán vence y la viñeta de los dos caballeros en combate es espectacular: "…derribado de su silla mientras que arma de Val se astilla, la sólida lanza de Tristán aguanta y Val y su montura caen derrotados con estrépito". Y continúa: "El impacto arranca el casco de la cabeza de Val y desvela la identidad del caballero blanco". Se descubre pues la identidad del príncipe nórdico, ahora burlado por otros escuderos: se irá de Camelot para visitar a su exiliado padre Auar. Tristán exclama: «Espero no tener que volver a luchar con ese fiero joven, comenta Tristán, «me duele todo por culpa de sus golpes». Es de las pocas veces que el Príncipe es derrotado.

2. Valiant, convaleciente, sueña con el torneo y el reto a Tristán (94, 27/11/1938): "revive la contundente carga de Tristán".

3. Tristán es testigo del espaldarazo e imposición para armar como Caballero de la Tabla Redonda al Príncipe Valiant ante el rey Arturo (¡viñeta simpar, proclamo!), después de una batalla contra los sajones. En dicha batalla, "triunfal se muestra Tristán con su escudo y espada, pero ninguno es tan terrible como Arturo cuando cargan en medio del griterío del combate" (103, 29/01/1939).

4. La larga Batalla del Paso de Pandaris contra los hunos. La alianza entre romanos, visigodos hispánicos, lugareños y un contingente de Camelot se dispone a luchar contra Karnak El Despiadado, lugar-

teniente del emperador de los hunos Kalla Khan. Preparando ya el combate próximo contra la horda de hunos, se presentan ante Valiant "El poderoso Tristán y el despreocupado Gawain", pues "Tristán busca olvidar a la hermosa Isolda mediante la aventura y los lances del viaje" (139, 8/10/1939 y 140, 15/10/1939). Es una complicada batalla, muy bien investigada y descrita por Foster: "Valiant y su consejo han buscado un plan con el que siete mil hombres eviten que veinte mil hunos salvajes despejen el paso y abran el camino para futuros asaltos a Europa".

5. Plan de Tristán y Gawain para rescatar a Valiant del tirano y falso Duque Píscaro, en la amurallada ciudad de Pandaris (148, 10/12/1939 y 149, 17/12/1939 a 153, 14/01/1940). Preciosa viñeta de Valiant, Gawain y Tristán desfilando triunfantes a caballo por las calles de Pandaris (casas, vestidos festivos, girnaldas, flores al aire, castillo colosal de fondo en 152, 7/1/1940), aclamados por sus ciudadanos, ya libres del déspota Píscaro.

6. Después de la Batalla del Paso de Pandaris contra los hunos, Tristán está en los preparativos y recepciones de otros reyes que se ofrecen para rematar a los hunos. Con Arturo, Gawain y Valiant, Tristán, se elabora un reparto de tierras y pacificación: 164, 31/03/1940 a 14/04/1940).

7. Escena de admiración de Gawin y Tristán (figura completa, de pie) ante la bella figura de Hulta, la hija del jefe de los pastores invadidos por los hunos: viñeta 161, 10/3/1940. Destacemos la misión que Hulta se impone: "Sólo yo escapé. Hasta las mujeres deben luchar hoy en día, y soy la hija de un guerrero" (160, 3/3/1940). Ver Figura 3.

LA JOVEN SE REPONE RÁPIDA-
MENTE Y TODOS RECONOCEN
QUE SU PRESENCIA PONE UN
TOQUE FEMENINO EN EL RUDO
CAMPAMENTO.

Figura 3. Viñeta de Ediciones B. O. (1978), 3/10/1940 (o sea, 10 marzo, 1940) en B/N. Sires Gawain y Tristán (figura completa, vean el parecido físico con Valiant) admiran la belleza de Hulta, "la hija del guerrero de los pastores" de Panonia.

8. Siguiendo el relato del episodio anterior, es también Tristán, testigo del rescate de la reina Hulta, con Slith. Banquete de boda real de Hulta y Slith, en viñeta doble. Queda resuelta la corona que habrá de pacificar la Panonia (169, 5/5/1940; 170, 12/05/1940).

9. Los "Tres Caballeros" parten para Roma (169, 5/5/1940), pero les salen en el camino unos salteadores, resultando éstos mal parados (170, 12/05/1940 a 172, 26/05/1940). Un texto destacable (195, 3/11/1940) es este: "El grito de guerra de Tristán resuena como una campana sobre el fragor de la batalla. Bronce, acero, petos y cotas de malla se desprenden bajo los golpes de su poderosa espada". Sin duda resuenan también aquí las descripciones, las lecturas de Hal, de la batalla del Sigfrido "de viaje" en Worms, contra los sajones y daneses del *Cantar de los Nibelungos*. Compruébenlo…, al igual que en su jerarquía literaria, *El Cantar del Mio Cid*.

10. Prosiguen su ruta a Roma y Valiant con sus camaradas se cruzan de nuevo con los hunos; se alían los caballeros con los vénetos para desbloquear el paso a la Ciudad Eterna: 179, 14/07/1940 a 181, 28/07/1940.

11. Paso por las ciudades ya romanas de Padua y Rávena. Tristán se ejercita en duelos: 182, 4/08/1940 a 184, 18/04/1940.

12. Luego de su encuentro en Rávena con el mercader joyero, el trío de caballeros continúan su largo viaje por Ariminum (Rímini) y se ven con Aecio, "el último gran general romano" (187, 8/09/1940) y presagian la caída del débil Imperio Romano…Llegan finalmente a Roma por la vía Flamina, vislumbrando la Ciudad de las siete colinas. La envidia del decadente emperador Valentiniano por el general Aecio, hace que Tristán y compañía se posicionen con el militar Aecio, que es asesinado en un escenario cercano al Capitolio (188, 15/09/1940 a 191, 6/10/1940). Son llamados a juicio ante el mismísimo emperador Valentiniano, que es también allí mismo asesinado por los partidarios de Aecio (193, 20/10/1940).

13. Tristán y sus amigos de armas se van de Roma no sin antes abatir a los guardias palatinos romanos que los acusan de haber dado muerte al emperador: 194, 27/10/1940 a 195, 3/11/1940. Aunque de referencia al siglo V finisecular, vestimentas, ambiente y panoplia semejan a siglos XI al XIII.

14. Los "Tres Caballeros" se conjuran para volverse a ver y correr nuevas aventuras, pero a lo largo de la viñeta 196, Tristán ya está en solitario, pasa un puente para tornar de nuevo a Roma, por el medio vuelve a poner en fuga a un destacamento de la guardia palaciega, atraviesa la urbe, dado que el puente que pasa por el río Tíber está al norte de la ciudad. Pernocta en Roma y sale para regresar a Inglaterra... "Y de ese modo el gallardo Tristán cabalga al fin sano y salvo para salir de nuestra historia, y obedeciendo los impulsos de su corazón, regresar a Inglaterra" (195, 3/11/1940 y 196, 10/11/1940).

Tristán "desaparece" de los guiones de Foster, hasta su desenlace final con Isolda, suponemos pasados unos cuantos años (no muchos), ya en viñetas de 1944. Quien no deja al protagonista de la serie será Sir Gawain, mucho más cerca de Valiant que el caballero bretón. Será el afán del mismo Gawain por recuperar el espíritu de "Los Tres Caballeros", quien más adelante anime a Valiant a intentar salvar a Tristán, viajando al mismísimo Tintagel de Cornualles, ante Mark.

15. Las escenas finales del personaje Tristán, como decíamos, son ya de 1944 y apenas se desenvuelven en 16 viñetas. Parten de una idea inicial de Sir Gawain por reunir de nuevo a los tres camaradas de armas de hace años: "Hace tiempo que a Tristán se le prohibió acercarse al castillo de Mark. Pero el gran amor que siente por Isolda es una fuerza irresistible" (en 382, 6/04/1944). Llegan a Tintagel, en Cornualles. Se diseña el castillo, imponente ante los acantilados, abaten a enemigos de Tristán y aliados de Mark, pero no pueden parar lo ya inevitable en el destino del caballero del león, asesinado por el

marido de Isolda, el propio rey Mark: venganza en una afrenta al rey que debía ser solucionada por el autor. Las escenas discurren demasiado rápidas para el peso que en su momento tuvo nuestro personaje, pero muy bellas: en la primera que se ven Isolda (tumbada en una "chaise longue") y Tristán en el suelo con su arpa, afamado músico como sabemos, aquella contemplándole embelesada, "Tristán le está cantando una balada de amor a Isolda cuando el rey Marc se lanza sobre él. Val grita para avisarle... ¡Demasiado tarde!" (ver figura 5).

Son dos simples viñetas donde ambos están juntos, en la última de ellas, la definitiva y final, una Isolda arrodillada, sostiene en el suelo el cuerpo inerte de Tristán: "Isolda no llora. Su dolor está más allá del alivio que puedan proporcionar las lágrimas" (381, 5/28/1944 a 383, 6/11/1944: la última, donde se enumera la plancha, ver aquí ampliada en Figura 4). Es simpar el atuendo rojo con el león dorado en el pecho, los broches de su capa, el cinto decorado con una hebilla de cinco círculos, el rostro dramático de Tristán muerto sobre el firme. ¿Fenece Isolda al lado de Tristán? Parece que no... Es de destacar que, en la siguiente tira, después de la definitiva muerte del héroe bretón, Gawain y Valiant regresan a Camelot: "El príncipe Valiente y Sir Gawain vuelven de Tintagel e informan a los demás caballeros de la muerte de Tristán. Todo Camelot llora la muerte de tan caballeroso guerrero" (384, 6/16/1944).

ISOLDE DOES NOT WEEP, HER PAIN
IS BEYOND THE RELIEF OF TEARS.

383 6-11-44   Copr. 1944, King Features Syndicate, Inc., World rights reserved.

Figura 4. Tabla final, escena dramática y última del personaje "Tristán el poderoso". Isolda sobrevive… Hemos seleccionado esta viñeta por la excepcional calidad de colorido y trama (383, 6/11/1944) de la edición de Dolmen (2018), Príncipe Valiente. Volumen 1943-1944. En Facebook está también publicada en "Hal Foster's Prince Valiant Legacy".

Descrito ya este trágico final de nuestro honrado personaje, a pocas viñetas, Camelot ya organiza duelos de armas, bromas y un viaje de nuestros protagonistas a la Galia.

Pudiera parecer un final un tanto precipitado el de la desaparición y muerte del personaje de Tristán, pero es que hacía cerca de cinco años que los lectores de tiras dominicales no tenían noticias del caballero de Cornualles, y se puede vislumbrar, más que como una cierta continuidad del personaje, un homenaje final, dramático, cercano a la escenografía wagneriana, una forma de cerrar el círculo en un interesante, ejemplarizante rol, que había comenzado en 1938.

Sir Tristán el Poderoso, como personaje de Harold Foster en la saga del Prince Valiant

Figura 5. Tiras de la evolución hacia la escena final y trágica resolución de Tristán, donde Isolda no muere. "Isolda no llora. Su dolor no puede consolarse con lágrimas". Son las viñetas desde 381, 5/28/1944 a 383, 6/11/1944: esta última escenificación del héroe bretón es la que ven en supra, central, donde aparece Sir Tristán el Poderoso abatido.

¿Conclusiones? La primera, que sin duda Harold Foster ideó una saga inicial, ya significativamente titulada *Príncipe Valiente en los días del Rey Arturo (Prince Valiant. In the Days of King Arthur)*, con toda una serie de personajes y acciones muy cercanas al ámbito literario, para luego dicha saga ir titulándose sólo Príncipe Valiente (Prince Valiant, cine -Henry Hathaway, 1954- y cómics incluidos), profundizando más en el mundo vikingo-nórdico e incluso en otros continentes lejanos, Oriente y Bizancio añadidos e incluida América, cada vez más centrada en lo relajadamente "histórico"-imaginativo, sí, pero en determinados detalles, muy exhaustivo en su previa información, en especial cuando entra en escena el rescate casi homérico de "Penélope"-Aleta, y ese, para una serie de acción y aventuras, inusitado casamiento con la reina de la Isla de Las Brumas. En realidad, como escribe Foster nada más consagrar el matrimonio cristiano de Valiant y Aleta…. "Ahora según las normas del romance, la saga del príncipe Valiente tocaría a su fin. Pero ganar a Aleta es una cosa, aunque le ha costado a Val su corazón, y vivir con ella otra bien diferente… y creemos que merece la pena ser contada" (470, 2/10/1946).

En esa "otra parte del romance" anterior es donde cuadrarían mejor Tristán y sus compañeros de la Tabla Redonda, no donde ahora Aleta va a destacar y centrar la vida del Príncipe de Thule (luego rey), si bien nunca renunciando del todo (¡ni mucho menos!) a las expectantes aventuras, viajes y combates, posteriormente matizadas por su también heroica esposa en los consabidos riesgos de caballero de armas.

Una segunda reflexión sería retratar al personaje artúrico de Tristán en las coordenadas de Harold Foster, por supuesto distante al literal rol wagneriano, como sabemos, mucho más profundo y sustancial en la Obra Total, tanto por fuentes literarias como por el sello, formato y dinámica del maestro sajón.

Pisando tierra desde Camelot hasta continentes extraeuropeos, Tristán es un caballero y como tal ideal humano; los horizontes, resumiendo mucho, deberían ser la santidad, la elegancia del amante y el aguerrido guerrero, pero Tristán se reduce al segundo, en especial al tercer ideal. Lo explicamos: el caballero de los leones sale a combatir a espada para respaldar a la Tabla Redonda, el Rey Arturo y sus compañeros de aventuras, Valiant incorporado. A partir de ahí, ¿se deja Tristán tentar en el amor? No, es fiel a su perenne ligazón con Isolda, algo parecido al héroe central de Foster o a los menos personificados Lanzarote y Perceval. No así el galán Gawain, contrapunto de los personajes comentados, incesante en atraer o perseguir doncellas casaderas. Sir Tristán es por lo tanto un valeroso caballero, aunque por naturaleza éste viva en un riesgo e inquietud amorosa como telón de fondo argumentativo, muy humano. La mujer es amor (no es poco, pero simplifica), si bien el poderoso bretón es, ante todo, un resolutivo señor de las batallas, no en decisiones amorosas, pues Isolda sostiene aquí un papel secundario que sólo aparece como resolutivo al desenlace de la vida de Tristán, para verla gráficamente en la viñeta de 1944 y poco más. Tristán es para Isolda como Isolda es para Tristán, destino fundido en hierro. La pasión de ambos conlleva una fuerza fatal que avanza hacia el desenlace de la muerte liberadora. Fortuna y Destino son tempestades a los cuales el héroe y heroína se doblegan: aquí la pericia y potencia de su brazo y espada son derrotados, a sabiendas de conocer que el caballero y la amada se encaminan a la destrucción trágica. El Fatum vence a la voluntad de la pareja céltica, sin resolución. Sólo en la tragedia está la liberación final.

El Príncipe Valiente es en definitiva, una larga obra siempre ilusionante de ser descubierta, leída y observada por unos jóvenes que éramos nosotros, y que aún hoy la seguimos admirando, releyendo. A muerte y espada. Pura video-lectura tan estática como dinámica, muy adaptable a la cultura de la imagen actual, beneficiándonos por su ejemplo, arte y belleza general, paisajes de naturaleza de precisión casi de botánico, mensaje noble que brota de las páginas de toda esta caballeresca saga de Harold Foster. A dicha juventud, principal objetivo del autor completo Foster, aunque no únicamente, le ofrecemos todo este legado insigne del Príncipe Valiente, un fuerte roble donde amarrar el tiempo de ocio y entretenimiento, para de esta manera poder aprovecharlo soñando acciones dignas de mención para estos y los duros tiempos que se avienen. En un momento determinado, le recordaron al "simple" dibujante de viñetas que su "voz" era realmente la voz del Val-Hal-En, pues así denominaba intencionadamente Foster a su casa de Redding en Connecticut (1944). Los mitos viven siempre, se nos van y retornan desde nuestras manos y sueños, aún sin quererlo…

José Carlos Ríos Camacho

NOTA

(3) Aunque ésta es la primera colección de viñetas físicas donde aparece nombrado en texto Sir Tristán, la primera referencia al mismo es la dada por el príncipe nórdico, desde la lejanía de la playa y oteando un barco; Valiant y Arn observan un bajel donde están varios caballeros del rey Arturo: "¡Mira, Arn! ¡Caballeros de la Tabla Redonda! Sir Kay, Perceval, Negarth, Tristán y Vriens ¡Estamos salvados!", en 83, 11/09/1938.

Comentando sobre las fechas que proporcionamos de las viñetas dominicales sobre el Príncipe Valiente, decir que, en un momento determinado de nuestras ediciones, tomadas desde el original norteamericano (ediciones francesas, en España con Planeta-DeAgostini, 2005-2006), saltan, al modo original de allí, las dos primeras cifras de las fechas, y así (es un ejemplo) encontramos "10/29 -sic-/1944" que en realidad son en nuestras ediciones, también en la Europa anglosajona, "29/10/1944". Ténganlo en cuenta cuando no les coincidan los números de día de mes y números de mes.

BIBLIOGRAFÍA SELECTA

ANÓNIMO, *Libro del esforzado caballero Don Tristán de Leonís y de sus grandes hechos en armas,* ed. Espasa-Calpe, Buenos Aires (Argentina), 1942.

CALDAS, Manuel, *Foster y Val. Los trabajos y los días del creador de Prince Valiant, ed. Dolmen, Palma de Mallorca, 2007.*

FOSTER, Harold, *Príncipe Valiente.* Biblioteca Grandes del cómic, ed. Planeta de Agostini, Barcelona, 2006. 26 tomos de 94 pp. cada uno.

FOSTER, Harold, *Príncipe Valiente.* Volumen 1943-1944, ed. Dolmen, Palma de Mallorca, 2018.

GARCÍA GUAL, Carlos, *Historia del rey Arturo y de los nobles y errantes caballeros de la Tabla Redonda,* ed. Alianza, Madrid, 1984.

KANE, Brian M., *Hal Foster. Príncipe de ilustradores. Padre de las tiras de aventuras,* ed. Planeta de Agostini, Barcelona, 2006.

MARTÍNEZ-PINNA, Eduardo, *El rescate emocional de un clásico: "Prince Valiant", la Obra Cumbre de Hal Foster,* ed. Libri Impressi – Manuel Caldas, Póvoa de Varzim (Portugal), 2012.

PEDRERO SANTOS, Juan A., *Jonny Weissmuller. Biografía. Vida y películas del mejor Tarzán de la pantalla*, ed. T&B, Madrid, 2010.

RACKHAM, Arthur, *Rackham's Color illustrations for Wagner's "Ring"*, ed. Dover Publications, Mineola-New York, 1979.

SAID ARMESTO, Víctor, *Apéndice al Tristán e Iseo de Richard Wagner,* ed. Teatro Real de Madrid, Madrid, 1911.

SAID ARMESTO, Víctor, *Tristán y la literatura rústica española,* Revista Quintana n. 13, 2014.

STEINBECK, John, *Los hechos del Rey Arturo y sus nobles caballeros,* ed. Edhasa, Barcelona, 1980.

STRASSBURG, G. Von, *Tristán e Isolda,* ed. Nacional, Madrid, 1982,

VÁZQUEZ DE PARGA, Salvador, *Harold R. Foster,* ed. Toutain, Barcelona, 1983.

YLLERA, Alicia, *Tristán e Iseo,* ed. Alianza, Madrid, 2011.

GUÍA para conocer las diferentes ediciones en español del Príncipe Valiente:

1.A. 1950 en Revista Boy en "Aventuras Maravillosas". Sólo 12 páginas, B/N.

1.B. 1954, novelización El Príncipe Valiente de versión de Max Trell con textos de Hal Foster, editorial Acme Agency de Buenos Aires. En lengua catalana fue reeditado en 1983, B/N.

2. 1959 (El Príncipe Valiente), editorial Dólar, en colección de cuadernos "Héroes Modernos", novelas gráficas ("Diversas Narraciones gráficas") en serie amarilla, después con la exclusiva "serie sepia" dedicada íntegramente al héroe de Thule. No respetó el diálogo de los textos sin bocadillos, pero las planchas eran de buena calidad.

3. Desde 1959 (Príncipe Valiente), editorial Mateu con seis libros ilustrados de aventuras, B/N. Son novelizaciones (Carmiña Verdejo) con dibujos fosterianos.

4. 1972 (Príncipe Valiente), editorial Buru Lan, ya en la forma similar a la originaria americana publica en varios tomos la obra integral coloreada, a veces con poca fortuna.

5. Desde años 70 (El Príncipe Valiente, poseo ediciones de 1977...), editorial Bruguera sigue la línea de las novelas gráficas, alternando páginas ilustradas en B/N, junto a páginas de texto (Consuelo Guisset). El primer título fue El Regreso de Valiente, serie "Héroes", tamaño 13x20 cm.

6. La revista monográfica Chito Extraordinario se publicó en Sabadell en 1974, editada por Juan Marti Pavón y constó de 21 revistas de 24 páginas de tamaño 20 centímetros de ancho por 27 de alto. Los personajes que se publicaron fueron varios, dedicando dos ejemplares al Príncipe Valiente. El primero titulado "Boltar el Vikingo" y el segundo "El Rey del Báltico".

7. 1978 (Príncipe Valiente), ediciones B. O. de Madrid, edita 41 fascículos de buena, aunque desigual reproducción en B/N, que abarca toda la saga original de Harold Foster, eso sí, desde las planchas de las ediciones francesas (éditions SERG, 1973-1977).

8. En 1982 el ejemplar "Comix Internacional" número 24 de Toutain Editor, realiza un homenaje a Hal Foster presentando las páginas dominicales 120 del 28 de mayo de 1939 a la 127 del 16 de julio del mismo año en cuatro hojas independientes (8 páginas al estar impresas por los dos lados) a un tamaño de 41x27 centímetros y con un artículo escrito por Javier Coma.

También ese año se publicó un tomo en catalán por parte de la editorial "L'Altzar" con las primeras 48 páginas de las aventuras del Príncipe Valiente en blanco y negro y respetando el formato a un tamaño de 24 centímetros de ancho por 32 de alto.

9. Buru Lan S.A. de ediciones, en 1983, volvió a publicar la saga en tomos más pequeños en cuanto a número de páginas, pero usando General Grafic S.A. de Barcelona, llegando a publicar 24 tomos.

10. 1983, Príncipe Valiente en "Colección Pocket de Ases", tamaño bolsillo, editorial Bruguera, Barcelona.

11. En 1988, Ediciones B publica en 91 fascículos toda la serie hasta la plancha 2908 de 1992, ya de John Cullen Murphy, con coloreado desigual dependiendo de los cuadernos de que se trate ya que usan fuentes distintas según el momento comenzando con el de Montse Serra de Fantagraphics, pasando por un período en el

que se basan en la edición francesa de Zenda sacada por procedimientos fotográficos de los periódicos pero al final se estaciona y termina usando mayoritariamente a la colorista Marta Cardona. Partes de los números 3 y 32 se publicaron en 2005 en dos tomos por parte del diario El País.

12. 1993 (Príncipe Valiente, edición histórica), ediciones B, S. A. de Barcelona, publica la serie completa de Foster y parte de la del sucesor John Cullen Murphy. Salen las viñetas de la Fantagraphics Books (recopilada en 1984), de acertada coloración de Marta Cardona.

13. En 1999 El Periódico de Catalunya regaló cada domingo un suplemento de 16 páginas en B/N y color (según la página) dedicado completamente al mundo del comic. Su tamaño era de 33 cm de ancho por 44 de alto, así que recordaba poderosamente a los gloriosos suplementos dominicales de los diarios americanos de la Edad de Oro del Comic en los años 30 a 50.

El ejemplar número 14 fue el que contuvo al Príncipe Valiente como motivo principal de la portada y en su interior se reprodujo al tamaño indicado de 33x44 cm, cuatro páginas, las dos primeras en color y las dos siguientes en blanco y negro, conteniendo de la plancha dominical 124 del 25 de junio de 1939 a la 127 del 16 de julio del mismo año.

14. 2005 (Príncipe Valiente. Biblioteca Grandes del cómic), editorial Planeta-DeAgostini, Barcelona. Es esta la edición con la que he trabajado, igualmente salida de las tiras de la Fantagraphics y ediciones francesas de la misma. El color (¿también traducción?), acertado de Adolfo García. Son 26 volúmenes que abarcan toda la saga fosteriana hasta 1980-1981 con ya guión textual y dibujos de John Cullen Murphy. Son muy de agradecer los textos introductorios de José Miguel Pallarés en cada volumen de esta

colección, para aclararnos toda la civilización medieval: armas, castillos, mundo rural, alquimia, ideal de caballería, etc., siguiendo la intención de Foster en sus entregas complementarias (parte inferior de las tiras dominicales) del Príncipe, El Castillo Medieval (1944-1945), a su vez reforzados por los famosos "sellos" de objetos y personajes dentro y fuera de la serie. Con matices, pero recomendable.

15. Desde diciembre de 2006, la editorial Libros de Papel, edita la serie en B/N, a partir de fotocopias de los originales y un cuidadoso trabajo de reconstrucción por parte del portugués Manuel Caldas, en formato de blanco y negro y a tamaño 27 centímetros de ancho por 35 de alto.

16. En 2011 la editorial Planeta DeAgostini vuelve por segunda vez con la recuperación de este clásico de la historieta, tomando posiblemente como punto de partida la edición moderna de Fantagraphics que se basa en la coloración original de los periódicos. Esta vez el formato es un poco mayor, se trata de un tomo por año y quiere abarcar desde 1937 hasta diciembre de 2011 con el material que se haya publicado hasta esa fecha de Gary Gianni.

17. En 2017, Dolmen Editorial publicó dos tomos, uno de 2012 con material de Cary Gianni y Thomas Yeates con guión de Mark Schultz y otro dedicado al año 2013 con material de Yeates.

Finalmente, Dolmen Editorial de Palma de Mallorca, desde noviembre de 2017 edita los tomos de Prince Valiant hasta 1971 basado en la colección de Fantagraphics, es decir, al mismo tamaño con los mismos colores y las únicas variaciones que hay son el prólogo de Rafael Marín de diferente número de páginas según el tomo fotografías e ilustraciones de Foster y que está traducido al español por el propio prologuista, es decir, no se ha usado la traducción que existía anteriormente de Planeta DeAgostini, por ejemplo.

MÚSICA como complemento a la lectura de EL PODEROSO SIR TRISTÁN EN LA SAGA DEL PRINCE VALIANT (1937-1971) DE HAROLD FOSTER. LA APOTEOSIS MEDIEVAL DE UN ARTE CONTEMPORÁNEO.

- Marie de Francia, Lai du boire amoureux (Tristán en prosa) y texto de Marie de Francia (suite).

- Richard Wagner, *Tristan und Isolde*. Acto I, escena quinta, desde el filtro de amor hasta el final del acto. De igual obra, el Preludio (Vorspiel) del Acto III.